# 엄마와 춤을 추다

## 엄마와 춤을 추다

2020년 9월 21일 초판 1쇄 펴냄

지은이 • 파트리시아 들라애
옮긴이 • 조연희
펴낸곳 • 도서출판 일므디
전자우편 • Ilmeditbook@gmail.com

ISBN 979-11-970317-1-7 03180

값 16,000원

*La relation mère-fille* by Patricia Delahaie
Copyright © 2017 Leduc.s Editions

이 책의 한국어판 저작권은 도서출판 일므디에 있습니다.
저작권법에 의해 한국 내에서 보호를 받는 저작물이므로 무단 전재와 무단 복제를 금합니다.

이 도서의 국립중앙도서관 출판예정도서목록(CIP)은 서지정보유통지원시스템 홈페이지(http://seoji.nl.go.kr)와 국가자료종합목록 구축시스템(http://kolis-net.nl.go.kr)에서 이용하실 수 있습니다. (CIP제어번호: CIP2020019390)

엄마와 딸을 위한
세 가지 열쇠

# 엄마와 춤을 추다

파트리시아 들라애 지음
조연희 옮김

## 감사의 말

　　　　　　엄마와 딸의 관계를 깊이 생각해 보는 데 도움을 준 모든 여성들에게 따뜻한 감사의 인사를 전합니다. 이분들의 세심한 의견을 들으면서 무엇을 하기 전에 먼저 귀담아 듣는 것이 효과적임을 깨달았습니다. 이름을 밝히길 꺼려하신 분들도 있지만, 모든 분들이 《엄마와 춤을 추다》를 만드는 데 초석이 되어 주셨습니다. 저는 이분들이 《엄마와 춤을 추다》에서 길을 찾기를 바랍니다.

　　마리-파스칼, 길렌, 파비엔과 미리암, 파니, 델핀, 엘리자베스, 도미니크, 에르마, 이자벨, 아니, 카트린, 카티, 쥘리에트, 코린, 엘리즈, 쥘리, 이베리아, 클로드-에디트, 뤼트, 마들렌, 마리 B., 마리본, 마일리스, 멜로디, 미도, 무피다, 낸시, 베르티유, 클레르에게 각별한 감사를 드립니다.

제 부탁을 받고 블로그에 글을 올려 주신 블로거 카미유 앙솜(cafedefilles.com), 카롤린 미셸(ovary.fr), 쥘리 지오르제타(psychomademoiselle.fr)에게도 감사드립니다.

자문해 주신 연인 관계와 결혼 생활 코치이자 전자책 작가인 프륀 켈리앙(rendezmoimoncouple.com), 의사인 파스칼 롤랑, 심리학자인 제랄딘 세네샬에게도 감사드립니다.

르뒥 출판사 여성분들, 특히 엘렌, 카린, 리자에게도 감사드립니다.

## 머리말

화창한 10월, 어느 일요일 오후였다. 파리 루브르 박물관 근처에서 나는 친구 마일리스와 이렇게 좋은 환경에서 우정을 이어 갈 수 있어 행운이라는 이야기를 했다. 우리의 대화 주제는 여성에 관한 것으로 넘어갔다.

요즘은 여성이 아이를 원하지 않는다는 기사를 보고 나는 어떻게 엄마가 딸을 원하지 않을 수 있는지 궁금했다. 그래서 엄마가 딸을 가진 걸 '한순간의 사고'라고 표현할 수는 없다고 이야기했다. 다정하게 나를 바라보던 마일리스가 이렇게 말했다. "어, 그런데 인생은 모두에게나 힘들어." 그러고는 기쁘다는 듯이 덧붙였다. "그래도 네가 있어서 정말 좋아!"

마일리스가 한 말은 이 책의 핵심이다. 엄마와 딸은 때론 어려운 관계지만, 함께 어려움을 이겨 내며 행복을 맛보고 또 다른 발견을 할 수 있는 관계다. 긍정적이지 않은 엄마와 딸 사이라도 각자가 자신의 인생을 살아가고, 우정과 사랑을 키워 갈 수 있다. 힘들더라도 그렇게 해 나가면 좋을 것이다. 나는 엄마와 딸이 함께하면서도 행복을 느끼고, 각자 생활하면서도 행복을 느껴 봤으면 한다. 참, 이 책에서 등장하는 이름은 모두 가명임을 미리 밝힌다.

폼므(39세)는 엄마의 과도한 사랑 때문에 괴로웠다. 뤼시(35세)는 어린 시절에서 벗어나지 못했다. 마농(23세)은 엄마와 너무 가까워 자신만의 인생을 시작해야겠다는 생각을 할 수 없었다. 쥘리아(30세)는 10년 전부터 우울증이 심했으며 엄마가 자신에게 해가 된다고 생각했다. 레티시아(55세)는 기차역 승강장에서 엄마가 자신을 떠났던 일을 떠올렸다. 당시 네 살이었던 레티시아에게 엄마는 자신의 삶을 살겠다고 말했다. 릴루(28세)는 몸에 타투를 하고 코에 피어싱을 했다. 엄마는 이 '중범죄'를 보고 깜짝 놀랐다. 그녀는 엄마 눈에 비친 자신의 모습을 상상해 보려고 했다. 쥐스틴(34세)은 인생의 의미를 찾는 엄마를 위해 아이를 가졌다. 엘자(41세)는 가족 심리 치료사에게 "어머니에게 관심을 가져 주세요. 약한 분이세요."라는 말을 들었다. 얼마 전 퇴직하고 쳇바퀴 돌듯 생활하는 카트린(61세)은 '자신이 다 옳다'고 생각한다. 하지만 딸들이 전화를 하지 않고, 자신을 보러 오지도 않는 이유는 알지 못했다.

웃음을 짓게 한 사례도 있었다. 아니(63세)는 쌍둥이 딸들과 사이가 좋았다. 카롤린(30세)은 갓 다섯 살이 된 '작고 소중한 여성'을 낳았음에 자부심을 느꼈다. 카티(44세)는 엄마를 많이 아꼈지만 엄마로 인해 자신의 삶에 부정적인 일이 생기는 것을 원치 않았다. 그녀는 "엄마, 엄마 일은 엄마가 알아서 하세요. 분명하게 선을 그었으면 좋겠어요." 하고 말했다.

분명하게 선을 긋다. 이는 이 책을 쓰는 나의 목표기도 하다. 우리 모두는 조금씩 길을 잃었다. 오늘날 바람직한 엄마와 딸 사이란 무엇일까? 갈등이란 무엇일까? 우리가 골머리를 앓는 이 관계가 왜 다른 딸에게는 그토록 쉬울까? 다른 엄마에게는 이렇게나 간단한데 왜 우리에게는 이렇게 어려울까? 엄마의 역할은 무엇일까? 딸이 엄마에게 지나친 요구를 해서는 안 되겠지만, 그래도 딸이 엄마에게 요구한다면 어디까지 할 수 있을까? 딸이 엄마의 교육 방식에는 긍정적인 면이 없었다고 하면 그 딸은 배은망덕한 걸까? 그렇게 생각하는 여성들은 반드시 있는데 말이다. 우리는 왜 서로에게 이렇게 짜증이 날까? 왜 이렇게 실망할까? 왜 서로 차분히 대화하지 못할까? 10년 후에도 그대로일까? 그리고 이렇게 심하게 화를 내었는데, 서로 화해할 수 있을까?

엄마와 딸에게는 서로 막연하게 느끼고 있지만 뭐라고 이름 붙일 수 없는 부분이 많다. 이에 관해 이야기해 보면 '아, 맞아. 정말 그래!'라는 생각을 자주 하게 된다. 딸이 엄마와 많은 영향을 주고받았던 어릴 때든, 성인이 되어서든 모녀 사이는 한마디로 정의하기 어렵다.

나는 1년이 조금 넘는 기간 동안 100여 명을 만났으며, 이 중 엄마와 딸의 수는 같았다. 최연소자는 19세였고 최고령자는 72세였다. 그들은 친구, 독자, 나에게 상담을 받으러 오는 사람들, 내 주변에 있는 여성을 상대로 했다. 여성이라면 모두 모녀 관계에 관해 할 말이 있을 것이기 때문이었다. SNS도 활용했는데 사람들이 본능적으로 어떤 반응을 보일지 궁금해서 메시지를 간단하게 작성했다. 내가 부탁하자 기꺼이 메시지를 블로그에 올려 주겠다고 했던 블로거들에게 감사한다. 메시지 내용은 이랬다.

"저는 오늘날 엄마와 딸의 관계는 어떤지 알아보고 있습니다. 혹시 저에게 도움을 주시거나, 경험담을 들려주실 분이 계실까요? 그러시다면 개인적으로 메시지를 보내 주세요."

수많은 메시지가 도착했다. 그중에서 매우 행복한 관계거나 매우 어려운 관계로 보이는 경우를 택했다. 물론 특별한 일이 없는 관계도 있었다. 또한 엄마와 딸이 서로를 잘못 파악하는 바람에 어색한 관계가 된 경우도 있었다. 만나서 30분도 대화하지 않은 적도 있었고, 네 시간이 넘도록 대화한 적도 있었다.

지금까지 내가 쓴 책들은 모두 사람들과 직접 만나 이야기를 나눈 내용이다. 연인들보다 사랑을 잘 이야기할 사람은 없고, 이혼한 사람들보다 이혼을 잘 말할 사람도 없다. 마찬가지로 여성보다 엄마와 딸 사이를 잘 말할 사람은 없다.

나는 인터뷰를 하다가도 비슷한 이야기를 들었던 기억이 나면 더는 진행하지 않는다. 하지만 이 이야기들은 매우 독특했고 엄마와 딸의 입장이 많이 달랐으므로 계속 듣고 싶었다.

이 책의 주제인 '엄마와 딸의 관계'를 어떤 관점에서 바라볼지 몇 주를 고민했다. 떠오른 것은 대화, 화해, 융합, 존중의 중요성이었지만 무언가 부족했다. 충분히 딱 들어맞지 않았다. 때마다 생각이 달라졌다. 그렇게 몇 달이 지났다. 그러던 중, '진정'이라는 개념에서 멈췄다. 우리 모두가 찾는 것이 바로 '진정' 아닐까? 엄마와 딸이 서로를 침착하게 대하는 것. 안 좋은 걸 곱씹거나, 서로를 볼 때마다 불행하고 골치 아프다는 느낌을 받지 않는 것 말이다. 그러다 엘자(35세)를 만났다. "진정하라고요? 저한테는 아무 의미 없는 말이에요! 저는 엄마가 없었으면 좋겠거든요."

엘자는 이렇게 말하고는 사랑 고백을 한 듯 미소 지었다. 결국 나는 출발점으로 돌아가 엄마와 딸 관계가 처할 모든 상황을 다루기로 했다.

나는 라이프 코치다. 사람들은 코치를 조언자라고 생각한다. 그래서 이 책도 '이렇게 말해 보세요.', '이렇게 하지 않는 건 어떨까요?'라는 식의 구체적인 조언들로 가득 채울까 생각하기도 했다. 사실 그게 안심이 되기도 한다. 그러나 그러한 조언이나 정보는 인터넷에서 쉽게 찾을 수 있다. 예전

애인 돌아오게 하는 법, 갓난아기 푹 재우는 법, 딸이나 엄마와 사이좋게 지내는 법 등을 다섯 줄 정도로 정리한 글처럼 말이다.

흔히 엄마와 딸 사이가 좋으려면 신뢰가 필요하다고 말한다. 맞는 말이다. 그렇다면 신뢰를 얻는 말과 행동은 무엇일까? 그 해답을 발견하는 것은 각자의 몫이다.

엄마와 딸의 관계를 두고 어떤 책은 '피폐하다'고 말하고, 다른 책은 '거기서 나오지 않는다면 뼈도 못 추릴 것'이라고 경고한다. 이러한 책들은 관계에서 벗어나 서로 화해하라고 제안한다. 그렇다면 내가 말하고 싶은 것은 다를까? 엄마와 딸의 관계를 다른 관점에서 바라보며 깊이 생각한 후, 나는 좀 더 다른 이야기를 하고 싶다는 마음이 들었다.

많은 세월을 함께한 엄마와 딸이지만 나는 이 관계를 심각하게 여기지 않는다. 그래서 가까워지라거나 화해하라고 말하지 않을 것이다. 어떤 상황에서는 오랫동안 화가 난 상태가 더 좋을 수도 있다. 그동안 딸은 다른 사람들과 관계를 맺고, 어떻게 하면 자기 자신으로 잘 살 수 있을지 고민할 수 있다. 그러다가 어느새 엄마와 딸이 유일무이한 관계를 맺는 사이임을 깨닫고 가끔씩 엄마를 그리워하고 있음을 알게 될 것이다.

나는 엄마와 딸 사이에 간섭하지 않고 저마다의 관계를 존중하고자 했다. 한 해에 한 번 보는 사이도 있고, 하루에 세 번 전화하는 사이도 있다. 그렇다고 내가 누구는 잘하고 누구는 못 한다고 어떻게 판단할 수 있을까?

나는 엄마에게서 완전히 벗어나라는 말에도 회의적이다. 아무리 그래도 엄마는 지금의 딸을 있게 한 사람이다. 엄마와 사랑의 세월을 보내면서 딸은 빨래 너는 법을 배웠고, 어른에게 인사할 때는 "안녕."이라고 짧게 말하지 않고 "안녕하세요."라고 해야 한다는 것을 배웠다. 남자들은 이렇다 또는 저렇다는 인식을 갖게 된 것도, 초인종이 울리면 겁을 먹거나 누군지 궁금해하며 설레는 것도, 화장하는 것을 좋아하거나 시간 낭비라고 생각하는 것도 다 엄마의 영향이다. 딸이 지금 하는 행동에는 오랜 세월 동안 엄마에게 배웠던 것들이 녹아 있다. 그러므로 마음에 드는 것은 간직하고, 아픈 것은 치유하며, 신뢰를 재확인하고, 받은 것을 감사히 여겨야 한다.

나는 조언을 늘어놓고 싶지 않다. 대신 실생활과 삶 속에서 내가 배운 엄마와 딸에 관한 모든 것을 여러분에게 전하고 싶다. 그래서 여러분 내면에 무언가가 메아리치기를 바란다. 나 역시 여성들의 말을 들으면서 그랬던 것처럼, 여러분들도 이 책을 읽으면서 때로는 "아, 맞아, 나도 이런 적 있었어.", "나도 이렇게 느꼈었는데.", "이게 내가 찾던 거야."라고 공감할 수 있기를 바란다. 그리고 여러분이 이 책을 읽으면서 어떤 판단을 내리거나 죄책감을 느끼지 않았으면 좋겠다.

마지막으로, 우리 엄마에게 감사하다는 말을 전하며 이 책을 바치고 싶다. 엄마가 우리 엄마여서 고맙다는 뜻이 아니다. 우리 엄마의 딸로 살기는 정말 힘들었다. 그래도 나를 이 세상에 낳아 주셔서 감사하다는 말은 꼭 하고 싶다. 마일리스의 말처럼 사는 것은 힘들지만 반드시 그런 것만은 아니니까.

차 례

감사의 말　5
머리말　7

## 01 한마디로 정의하기 힘든 엄마와 딸

아들에게는 그렇게 하지 못해요 21 | 우린 너무 닮았어요 27
너는 나고 나는 너야 33 | 상대보다 많이 베풀어요 39
딸을 보살펴 줘야 해요. 근데 어디까지? 43 | 한마디가 평생을 사로잡아요 52
완벽한 관계는 없어요 58 | 신뢰란 무엇인가요? 66
나도 존중받고 싶어요 69
엄마, 딸에게는 이런 게 필요해요(사랑·지표·자립심) 73
엄마에게 필요한 것(좋은 사람들·자신감) 92

## 02 서로 다른 존재임을 받아들이기

엄마, 저랑 좀 더 이야기해요 *108*
포기했어요. 지금은 엄마를 자주 만나지 않아요 *110*
엄마는 저한테 관심이 없는 것 같아요 *113* | 칭찬해 주세요 *123*
시간이 지나면 엄마가 더 괜찮아질까요? *129*
언니나 동생만큼 저도 사랑해 주세요 *134*
엄마가 원하는 대로 살지 않을 거예요 *145*
엄마랑 잘 안 맞는데 왜 떠나지 못하는 걸까요? *156*
엄마는 항상 저한테 잔소리를 해요 *168*
싫으면 차라리 솔직하게 말해 주세요 *175*
오늘 입은 옷 어때? 화장한 거 괜찮아? *183*

## 03 사랑에도 과정이 필요합니다

엄마와 함께 춤을 춰요 *192* | 누구나 행복을 찾을 수 있어요 *199*
자신을 용서해야 나아갈 수 있어요 *203*
자유로운 삶에서 더 큰 기쁨이 찾아와요 *206*
엄마로서, 딸로서 의무는 다할 거예요 *216* | 우리 맞춰 나가 볼까요? *221*
서로를 판단하지 말아요 *229* | 더 좋은 관계가 되려면 장점을 봐 주세요 *233*
즐겁게 지낼 방법을 함께 찾아봐요 *237* | 함께 있을 때 편안한 장소는? *240*
나중이 아니라 지금! *242* | 다정한 말 한마디를 건네 보아요 *246*
시간은 돌아오지 않아요 *257* | 다시 사랑할 수 있는 여러 이유들 *267*

**맺음말** *273*

# 01
## 한마디로 정의하기 힘든 엄마와 딸

나는 아이들에게, 딸에게 어떠한 의무가 있을까?
그 자리에 있어 주는 것, 반겨 주는 것, 내 이야기를 들려주는 것,
안심시키는 것, 스스로 불평하지 않는 것, 이해하고 존중하는 것,
나에게 반박할 수 있도록 하는 것, 아이들의 역사가 되는 것.
즉, 아이들과는 독립적으로 살면서
아이들이 나를 필요로 할 때 곁에 있어 주는 것 등이
내 의무일 것이다.

**파스칼 LR, 사진작가**

## 아들에게는 그렇게 하지 못해요

우리는 목소리로 맨 처음 엄마를 인식한다. 그것은 생명이 시작된 그 순간부터 우리를 얽매는 목소리다. 엄마는 우리를 흔들어 재우는 리듬이자, 뒤흔드는 감정이며, 세상으로 배출한 배다. 우리 코를 강타한 첫 번째 향수이며, 시선이 가 닿는 첫 번째 얼굴이자, 피부가 맞닿고 몸의 따뜻함을 느끼게 해 준 첫 번째 사람이다. 엄마는 모든 것의 중심이다. 엄마는 세상의 기원이자 우리 자신의 기원이다. 엄마는 우리의 현재이자 미래이며, 우리가 본 첫 번째 여성상이다. 우리와 엄마의 관계는 어떤 관계와도 닮지 않았다. 엄마는 우리가 작았을 때부터 등대로 오래도록 남아 있으며, 우리가 세상에서 '엄마'라고 부를 단 한 사람이다. 엄마를 여느 여성과 똑같이 여길 수는 없다. 우리는 엄마에게서 태어났다. 이는 우리에게 뿌리 깊은 것이다. 엄마의 말, 시선, 기분은 우리에게 강한 영향을 미친다. 엄마는 우리에게 극한 감정, 절대적 사랑, 온갖 증오심을 불러일으키는 유일한 사람이다. 우리는 엄마 배 속에서 나왔기에 생생하고 본능적으로 반응한다. 이는 강렬하고, 아름다우며, 대단한 일이다.

하지만 딸을 향한 엄마의 사랑이 우리가 상상하는 것과 다를 수도 있다. 여기에는 다양한 경우가 있다. 태어나자마자 엄마 품에 안긴 작은 딸은 빨갛고, 쭈글쭈글하며, 길 잃은 아이처럼 보인다. 엄마는 그러한 딸에게 첫눈에 사랑에 빠질 수도 있고 그렇지 않은 경우도 있다. 그렇지 않은 경우 엄마는 먼저 상실감을 느낀다. 그다음에 놀라움을 느끼고 이러한 놀라움을 느끼고 나서야 아기와의 만남을 깨닫는다. 그래서 흔히 말하는 모성 본능이 허상이라고 여겨지기도 한다. 중국에서는 부부 한 쌍에 자녀 한 명만 낳도록 하는 정책을 폈던 때가 있었다. 이때 통계에서 여자아이가 사라졌다. 또한 18세기 중국 귀족들은 양심의 가책도 없이 아이들을 유모에게 맡겨 버렸다고 한다. 하지만 자기 아기를 위해 여전히 그 자리에 있는 엄마도 많았다.

    모성애는 사회의 역사적 배경이나 아빠가 육아에 참여하느냐에 관계없이 꿋꿋하기 때문에 아름답다. 또한 우리 내면에 비축된 지성, 감수성, 공감 능력, 의무감 등의 인간적 자질을 발현해 주기도 한다. 모성애는 "어쩜 이렇게 작을까!", "내가 책임져야 해!", "나 없이 이 애는 어떻게 될까?" 하는 마음으로 나타난다.

    엄마의 사랑은 딸의 사랑과 다르다. 어린 딸은 열정적으로 "나는 엄마가 좋아! 너무 좋아!"라고 말한다. 그러나 엄마의 사랑에는 열정만 있는 것이 아니다. 어린 시절의 기억은 몸에도 새겨져 있다. 그래서 엄마가 엄격하게 키운 딸 중에서는 어른이 되어서도 "저는 지금도 엄마를 똑바로 쳐다보지 못해요. 껴안지도 못하고요."라고 말하는 사람도 있다. 엄마는 좀 더 이성적이다. 딸보다 욕구도, 감정도, 본능도 덜하다. 딸은 엄마가 자신에게 깊이 매여 있지 않다고 느낀다. 그렇기에 언젠간 엄마에게서 자유로워질 수 있다. 모성애는 본능만 있는 것이 아니다.

    클레망스(14세)는 어느 날 미니스커트를 입고 진한 화장을 한 채 귀가했다. 클레망스의 엄마가 본능적으로 반응했다면 여자아이가 다 늦은 밤에 이런 차림으로 거리를 돌아다니다니 제정신이냐고 소리를 질렀을 것이다. 그러나 모성애는 좀 더 합리적이고 지적일 수 있다. 클레망스의 엄마 가엘은 그때 상황을 이렇게 말했다.

"딸에게 옷을 갈아입고 화장을 지우라고 했어요. 네가 이제는 어린아이가 아니라고 생각하는 것을 다 이해하지만 아직 성인은 아니라고 말했지요. 그리고 예뻐 보이려면 어떻게 옷을 입고 화장을 해야 하는지 잘 알려 주겠다고 이야기했어요. 그 나이에 맞는 방법 말이에요."

이렇게 엄마의 본능과 인간적인 자질이 함께 발휘되면서 이 아기는 그냥 아기가 아니라 '어여쁜 내 아기'가 되어 간다. 이제 딸은 낯선 존재가 아니다. 엄마는 딸을 품어 주고, 재워 주고, 먹여 준다. 딸을 응원하며, 딸에게 조언한다. 딸은 엄마 얼굴을 닮았고, 엄마와 혈연으로 이어졌다. 엄마는 딸에게 책임이 있다. 딸이 성장하고, 발달하고, 변화하는 것을 본다. 딸 안에는 영원히 엄마가 있다.

물론 아들도 엄마가 품어 주고, 재워 주고, 먹여 주니, 딸과 마찬가지라고 할 수 있다. 엄마는 아들도 응원하며 그에게도 조언한다. 그러나 딸과 아들은 다르다. 엄마는 딸에게서 자신을 발견한다. 그러나 아들에게서는 딸에게서 발견하는 것만큼 자신의 모습을 발견하지 못한다. 아들은 좀 낯설고 거리감이 느껴질 때가 있다. 또 같은 성별이 아니므로 인생도, 야망도, 사회 내 위치도 다를 것임을 엄마는 안다.

딸은 엄마가 그랬던 것처럼 작은 여자아이였다가 여성이 될 것이며 아마도 엄마가 될 것이다. 딸은 엄마와 같은 단계를 거치며 유사한 행복을 느끼고 유사한 고민을 가질 것이므로 미래도 엄마와 비슷할 것이다. 엄마는 딸이 자신과 비슷한 인생 경로를 갈 것이라고 여긴다. 엄마는 자신을 딸 안에 투영하기 때문이다. 심지어 임신 중에는 딸이 '작은 나'였으면 좋겠다고 바라기도 한다.

오드(23세)는 첫 아이를 가졌을 때 자신이 낳게 될 작은 여자아이의 모습을 상상해 보았다. 눈은 자신처럼 파랑색이었으면 좋겠고, 못생긴 손은 닮지 않기를 바랐다. 키는 더 컸으면 좋겠고, 머릿결은 뻣뻣한 자신과 달리 비단결 같으면 좋겠다고 생각했다. 특히 자신의 모난 성격을 닮지 않고 더 좋은 성격을 타고나기를 바랐다. 오드는 이처럼 자신의 모습을 기반으로 어린 딸의 모습을 상상했다. 그러나 딸이 아닌 아들이었다면 아빠인 남편의 모습을 떠올렸을 것이다.

엄마는 자신의 경험을 바탕으로 "네가 하는 일이 얼마나 좋은지 나중에 알게 될 거야!"라고 격려하거나 "조심해!"라고 훈계한다. 이렇게 엄마가 하는 말은 좋고 나쁨을 단정 짓는 말이 아니다. 엄마의 경험에서 우러나온 말이다. 마르틴(57세)은 엄마와 딸 관계의 특별함을 이렇게 이야기한다.

"딸하고는 가깝고도 특별한 관계예요. 저와 똑같은 누군가가 생긴다는 것은 신기하면서도 굉장한 일이에요. 그렇다고 저를 딸로, 딸을 저로 여겨서는 안 돼요. 딸은 저와 다른 사람이거든요. 그렇지만 제가 어떤 여성인지 저에 관해 더 잘 알아야겠다는 생각을 해요. 그래야 딸을 더 잘 이해하고 함께 할 수 있을 것 같거든요. 예를 들어 딸에게 여성이 가치 있는 존재라는 것을 말할 때 그랬죠. 저는 제 자신을 바탕으로 그 애에게 자신감을 심어 줄 수 있었어요. '너는 예쁘고, 매력적이며, 상냥하니 사람들에게 사랑받을 거란다.'라고 말해 줄 수 있었지요. 아들에게는 그렇게 하지 못해요. 아들과 제가 공유하는 것, 경험해야 할 삶은 다르거든요. 딸과 더 많이 공유할 수 있어요. 아들과 맺는 관계가 사실적이라면, 딸과 맺는 관계는 심리적이고 정서적인 면이 강하지요. 딸이 친구와 싸우고 오면, 우리는 몇 시간 동안 이야기를 나눠요. 무슨 일이 있었는지, 그 친구가 왜 그렇게 말하고 행동했는지 이해하려고 하나하나 따져 보지요. 그런데 아들은 그런 일이 있으면 와서 이렇게 말해요. '엄마, 그냥 그렇게 되었어요!' 이게 다예요! 딸과는 수많은 관계 회로가 놓여 있고, 이미 모든 회로가 선으로 연결되어 있어서 원할 때 그냥 전원만 켜면 돼요."

### 우린 너무 닮았어요

동일시라는 단어는 바로 와닿지 않는다. 쉽게 말하면 딸이 나고, 내가 딸이라는 의미다. 엄마와 딸 사이는 스펀지 같은 관계라고도 말할 수 있다. 엄마는 자신이 한 경험을 바탕으로 인생, 남자, 사회, 여성성에 관해 가르쳐 주며 딸을 키운다.

엄마는 옷을 차려입고, 요리를 하고, 출근을 하고, 남편을 사랑하는 데서 오는 기쁨 같은 것들을 딸에게 전한다. 딸은 엄마를 바라보며 성장한다. 엄마가 남자를 몸만 큰 어린애나 겁쟁이로 보는지, 만나도 좋을 멋진 사람으로 생각하는지를 느낀다. 또 엄마가 행복한지, 자기 자신을 사랑하는지, 아이를 좋아하는지, 사람들을 사랑하는지, 인생을 사랑하는지도 느낀다.

어린 딸은 믿음과 감정이 배어드는 스펀지와 같다. 엄마가 아프면 딸도 아프다. 엄마가 불안하면 딸은 갈피를 잡지 못한다. 엄마가 괴로워하면 딸은 동요한다. 엄마가 행복하면 딸은 미소 짓는다. 엄마가 편안하면 딸은 모든 일이 순조롭다고 생각한다. 이것이 수많은 딸이 엄마를 행복하게 하려는 이유다. 엄마가 슬퍼하는 한 딸도 슬프다. 딸은 행복한 엄마를 보면서 자신도 편안한 마음을 느끼고 싶은 것이다.

제니퍼(32세)는 암 투병을 하는 엄마를 보고 건강 염려증 환자가 되었다. 그녀는 항상 자신에게 무슨 병이 있다고 생각한다. 카린(50세)은 몸무게에 강박 관념이 있어 딸의 몸무게에 지나치게 관여했다. 그래서 카린의 딸은 실제로 뚱뚱하지 않은데도 자신이 뚱뚱하다고 생각했다.

주의 깊은 엄마는 이러한 관계에서 딸을 보호하려고 노

력한다. 엄마와 딸이라는 각각의 관 두 개를 연결하는 데 제한을 두려고 한다. 그래서 의사소통의 문을 일부 닫아 놓고, 딸이 혼자 생각할 수 있게 말을 아낀다. 곤란한 일이 있을 때는 이를 비밀로 하거나 일부만 전달해야 함을 안다. 물론 엄마가 이를 털어놓는 경우도 있다. 말로 표현하면 감정이 누그러지기 때문이다. 그리고 딸의 부담을 덜어 주고자 하는 이유도 있다. 딸들은 종종 엄마를 행복하게 하기 위해 부담을 갖기도 하기 때문이다.

그러나 엄마도 스펀지와 같다. 딸이 괴로워하면 엄마도 아프다. 딸이 안 좋은 일을 겪으면 엄마는 가슴이 찢어진다. 딸이 출산을 하면 엄마는 불안하다. 출산은 엄마가 아들보다 딸과 더 가깝고도 특별한 관계임을 잘 보여 준다. 어떤 엄마는 딸 옆에 있는 것을 불편해하고, 거리를 두고 싶어 한다. 딸과 가깝게 지내면 더 걱정하게 되고, 소심해질 수도 있기 때문이다.

자신을 꾸미는 걸 불편하게 느끼는 엄마도 있다. 마리 조제(49세)는 남자 형제들과 같이 자랐다. 인형 놀이를 한 적도 별로 없었고 화장도 전혀 해 보지 않았다. 마리 조제의 가정에서는 화려한 화장을 하는 것을 좋지 않게 여겼다. 마리 조제는 아들 결혼식 때 드레스를 입고, 파란색으로 눈 화장을 조금 했을 뿐인데도 저녁 내내 변장을 한 기분이었다고 했다. 마리 조제는 바지, 셔츠, 단화 등 자신의 물건이 남편의 것과 매우 비슷하다고 농담처럼 말했다. 그녀에게 아들밖에 없어서 그나마 다행이었다. "딸이 있으면 예쁘게 꾸며야 할 것 같아요. 미용에도 관심을 가져야 할 것 같고요. 그런데 저는 그런 걸 몰라요. 저에게 여성의 장점이란 남편과 아이를 가질 수 있다는 것뿐이에요. 저 또한 그렇게 자랐고요."

베레니스(35세)는 간절히 딸을 원했다. "저는 딸과 서로 잘 통하는 사이, 친구 같은 사이를 꿈꾸었어요. 여자끼리 관심사를 공유하고, 옷이랑 화장 이야기를 하고, 향수나 보석 등 좋아하는 걸 나누고 싶었지요. 저는 예쁜 것들을 정말 좋아해서 이 행복을 딸에게 모두 알려 주고 싶어요. 그래서 딸에게 예쁘게 꾸미는 법이랑, 스스로 예쁘다고 느끼는 법을 알려 줬어요. 저는 딸을 낳을 때까지 아이를 계속 가질 생각이었어요. 제 딸은 저에게 기쁨을 줘요. 제 전부예요!"

엄마와 딸이 추는 춤은 이렇게 시작된다. 엄마는 어린 딸이 나중에 어떠한 사람이 되었으면 좋겠다는 꿈을 꾼다. 또 딸과 맺을 관계가 어떠했으면 좋겠다고 바라기도 한다. 베레니스는 예쁘게 가꾸는 데서 오는 행복을 딸에게 전해 주었다. 그런데 어느 날, 딸이 엄마의 조언을 참고해서 자기 나름대로 성장해 나간 모습을 보여 주는 일이 있었다.

"제 딸이 매니큐어 바르는 법을 배우고 싶었는지, 인터넷에서 영상을 찾아보더라고요. 또 이전에는 연애 이야기나 속상한 이야기를 저와 나누었지요. 그런데 지금은 저에게 비밀로 해요. 친구들에게 털어놓더라고요. 조금 서운해요."

엠마(39세)는 엄마에게 받은 것을 긍정적으로 생각하면서 살았다고 말한다. "엄마는 제가 공부를 계속하면서 결혼해 아기를 낳을 수 있으니 정말 운 좋은 여성이라고 말했어요. '스스로를 존중하며 너 자신이 되어라. 타인에게 휘둘리지 말고 자신을 보호해라!'라고 조언해 주었지요. 스스로를 아름답다고 여기면서 기쁨을 느낄 수 있도록 했어요. 그러나 제가 공주가 되기를 꿈꾸며 바비 인형을 가지고 싶어 했을 때, 교회에서 결혼하고 싶어 했을 때는 좋아하지 않았어요. 제가 원하는 만족스러운 삶을 살기 위해서는 제 나름의 투쟁이 필요했어요."

아니(62세)는 딸이 사위의 영향을 받아 변해 가는 모습을 보았다. 어느덧 딸은 사위네 집안 식구가 되어 있었다. "우리 사위는 제가 딸네 집에 오래 있으면 안 좋아해요. 3일 정도만 같이 있으면 저랑 딸은 정말 잘 맞는 사이가 되지요. 그럼 제 딸은 사위에게 소홀해지더라고요. 제 느낌에는 사위가 조금 질투하는 것 같아요. 별수 있나요. 제가 다시 집으로 돌아왔지요."

엄마는 한 명뿐이다. 그 무엇으로도 엄마가 우리를 세상에 낳은 일을 무효로 돌릴 수 없으며, 딸이 더는 내 자식이 아니라고 부정할 수 없다. 다행스럽게도 엄마와 딸 사이에는 세대 차이로 자연스럽게 거리가 생긴다. 엄마와 딸은 같은 시간 선상에 있지 않다. 엄마는 딸보다 앞서가며 이는 절대 변하지 않는다.

딸은 엄마라는 든든한 나무에 기대어 자란다. 딸은 엄마가 어떤 사람인지에 기반하여 자신의 정체성을 확립한다. 엄마와 같은 점도 있고 다른 점도 있다. 딸에게는 엄마의 조언이 필요할 때도 있지만 그렇지 않을 때도 있다.

## 너는 나고 나는 너야

모든 인간은 관계 속에 존재한다. 우리는 따뜻한 손길, 말, 애정으로 둘러싸여 있을 때에만 비로소 존재한다고 느낀다. 어린 딸은 엄마 얼굴에서 자신을 본다. 자신이 어여쁘고, 사랑할 수밖에 없는 어린 딸임을 엄마의 눈에서 읽어 낸다. 엄마가 자신을 사랑하고 자신에게 자부심을 느끼고 있음을 알면, 딸은 자신감이 가득하다. 이렇게 엄마가 사랑해 주니 세상에 있는 게 좋다.

엄마의 애정은 딸의 성격에 선을 그어 준다. 딸은 엄마를 통해 자신이 말을 잘 들을 때는 '착한 딸', 누구를 때렸을 때는 '나쁜 딸'이라는 것을 배운다.

엄마는 딸을 통해 자신의 어린 시절 모습을 본다. 딸이 자신보다 더 나은 사람이 되기를 바라지만, 딸은 엄마 같은 엄마가 되겠다고 생각할 수 있다. 엄마와 딸은 서로를 동일시하고, 혼동하면서 세대 차이를 느끼고, 융합한다. 두 사람은 하나가 된다. 우리는 엄마가 말도 안 되는 소리임을 알아차리지도 못하고 딸에게 이렇게 말하는 것을 들을 수 있다. "스웨터 입어! 엄마 춥다!" 아니면 가게에 가서 딸이 말도 꺼내지 않앉는데 이렇게 말하는 엄마도 있다. "초콜릿 맛 아이스크림 빼고요. 우리 그거 안 좋아해요!"

　딸과 자신을 일치시켜 생각하는 엄마의 예로 내가 겪은 일을 들 수 있다. 열 살이었던 나는 하숙 생활을 했고, 학기마다 한 번씩 집에 갔다. 내가 머무르던 하숙집은 전화기가 없었다. 그 당시는 인터넷도 없었다. 엄마가 나에게 편지를 쓸 사람은 아니었다. 엄마는 나를 그리워하지 않는 것 같았다. 엄마는 깊은 모성애를 지닌 사람이 아니었다. 그러나 그날은 엄마가 기차가 서는 곳까지 나를 마중 나와 있었다. 엄마는 들떠 있었다. 나를 만나서 굉장히 행복해 보였다. 엄마는 나를 위한 깜짝 선물이 있다고 했다. 평상시 엄마는 내 생각을 하지 않는 듯 보였기 때문에 엄마 말을 믿기는 조금 힘들었다. 그래도 진심이 느껴졌다. 그렇게 기뻐하는 엄마를 보니 나도 조급해져서 빨리 내 선물을 보고 싶었다.

　선물은 역 앞에 있었다. 자동차였다! 엄마는 회사 사장이 타는 차와 똑같은 이 빨간 스포츠카를 나에게 줄 수 있어서 뿌듯하다고 말했다. 열 살이었던 나는 도대체 뭐가 내 선물인지 이해할 수 없었다. 엄마는 엄마대로 내가 왜 실망했는지 이해하지 못했다. 엄마가 그렇게 신났던 이유는 내가 기뻐할 거라고 생각했기 때문이었다.

대부분의 엄마는 자신은 어른이고 딸은 아이이며, 서로 다르다는 사실을 잘 안다. 그러나 내 이야기는 자신을 상대와 동일시하는 엄마에게서 생길 수 있는 일을 보여 준다. 내가 상담했던 엄마, 조엘(60세)도 이렇게 말한다. "딸의 감정은 제 감정이에요. 딸에게 일어난 일은 저에게 일어난 일이고요. 저도 저희 둘이 다른 사람인 걸 잘 알지만, 무의식적으로 구분하지 않는 것 같아요. 만일 꿈에 딸이 나오면 저는 이 꿈이 저에 관한 꿈이라고 확신하거든요."

엄마는 나와 너, 내 것과 네 것을 구분할 수 있어야 한다. 딸이 어리면 보살핌이 필요한 아동이거나 성인 여성의 대화를 공유할 수 없는 청소년이라는 사실을 깨달아야 한다. 그럴 때만이 비로소 엄마는 딸이 자기 자신을 인식하도록 도와줄 수 있다. 딸의 입장에서 대답하고, 생각하고, 느끼는 대신 "어떻게 생각하니?"라고 딸에게 묻는 것도 도움이 된다. 두 사람이 서로에게서 떨어지는 일은 쉽지 않다. 엄마와 딸은 한 몸이었고 엄마는 딸이 춥거나, 배고프거나, 힘들지 않은지 짐작하며 딸을 위해 좋은 것을 생각해야 했기 때문이다. 그러나 어떤 엄마한테는 아주 간단할 수도 있다.

### 이자벨(44세)의 이야기
#### 엄마는 저를 있는 그대로 사랑했어요

저희 엄마는 정말 다정해요. 딸들을 절대 비난하지 않아요. 저희는 세 자매인데, 엄마가 어느 누구를 편애한다고 느낀 적이 한 번도 없어요. 누군가가 슬퍼하면 와서 꼭 안아 주었어요. 엄마는 저희를 자주 안아 주었지요. 엄마의 사랑을 부족하다고 느낀 적이 없어요. 엄마는 "소중한 딸들, 사랑하는 딸들, 내 보물들."이라고 자주 말하고, 편지를 쓸 때마다 "너희를 사랑하는 엄마가."라고 적으면서 사랑한다는 표현을 아끼지 않았어요. 이 말들도 그냥 하는 말이 아니었지요. 저를 바라볼 때 엄마의 얼굴에는 사랑이 가득 담겨 있었어요.

엄마는 저희 이야기를 할 때면 "우리 애들이 있어서 난 정말 행복해."라고 말했어요. 다른 사람들도 엄마가 정말 그렇게 생각한다고 느꼈을 거예요. 엄마가 저를 사랑하는 것처럼 저도 엄마를 사랑해요. 시간이 지날수록 엄마가 저희에게 준 특별한 사랑을 더욱 깨달아요. 엄마 때문에 숨이 막힌 적은 전혀 없어요. 엄마는 본능적으로 저희를 키웠어요. 심리 상담사를 찾아가거나 교육 서적을 본 적은 한 번도 없었지요. 엄마에게 출산과 육아는 세상에서 가장 쉬운 일이었어요. 마치 출산과 육아가 엄마를 충만하게 해 주는 것 같았어요. 아빠가 세상을 뜬 후, 제가 엄마를 도와 집안의 행정적인 일을 도맡았어요. 엄마는 고마워했지요. 자식들에게 받는 것을 절대로 당연하다고 여기지 않았어요.

엄마는 좋지만 사실 저는 엄마처럼 살고 싶은 생각은 없어요. 엄마는 굉장히 뚱뚱해서 아무리 좋은 옷을 입어도 예쁘거나 우아한 느낌이 없었거든요. 그리고 아이도 낳고 싶지 않아요. 누군가는 출산과 육아에 전념하던 엄마를 보고 그 모습에 질려서 그렇다고 하기도 해요. 그렇지만 절대 아니에요. 단지 저는 출산과 육아에 시간을 쏟고 싶지 않을 뿐이에요. 전 관심사가 많고 그걸 자유롭게 즐길 수 있는 지금 이대로의 제 삶을 사랑해요. 근데 출산을 하고 육아를 하는 일에는 제약도 많고, 실망도 크다고 해요. 저는 그렇게 살고 싶지는 않아요. 전 뭔가 하려면 모든 것이 완벽해야 하거든요.

저는 마흔네 살이지만 아이가 없는 삶을 후회하지 않아요. 저에게는 조카들이 있으니까요. 제가 엄마였다면 어떤 엄마였을지는 잘 모르겠어요. 좋은 엄마거나 평범한 엄마거나 다 가능한 이야기겠지요. 엄마는 당연히 제가 아이를 가지길 바라겠지만, 엄마를 기쁘게 하려고 아기를 낳는 사람은 없어요. 엄마도 그 일로 저를 꾸짖은 적이 없고요.

엄마는 누구나 각자 다른 삶을 살고 다른 성격을 가졌다는 걸 알아요. 그래서 자식들이 개인적인 일로 결정을 내려야 할 때는 관여하지 않지요. 엄마가 무조건적인 사랑을 베풀었기 때문에, 그 사랑 없이 살아야 한다고 생각하면 두렵기도 해요. 제가 믿을 수 있는 한 사람이 있다면 바로 엄마예요. 제 남편보다 엄마를 더 믿을 수 있어요. 누가 엄마에게 어떻게 그리 딸들에게 헌신적일 수 있었는지 묻는다면, 엄마는 그저 저희를 사랑했기 때문이라는 말밖에는 할 수 없을 거예요. 다른 딸들이 엄마 때문에 많이 힘들어한다는 이야기를 들으면, 저는 정말 행운아라고 생각해요.

**상대보다 많이 베풀어요**

엄마와 딸은 연인이나 친구 관계처럼 받은 만큼 베푸는 사이가 아니다. 연인이나 친구 사이에서는 한쪽이 다른 쪽보다 더 많이 주는 일방적이며 불균형한 관계를 감수하는 사람은 거의 없다. 그러나 엄마와 딸 사이는 많은 희생을 내포한다. 엄마는 딸이 잘 자라도록 오랫동안 헌신한다.

딸에게 먹을 것을 주고, 딸이 어디를 갈 때는 데려다주며, 숙제를 도와주고, 운동을 하러 가거나 병원을 갈 때 함께 간다. 딸이 공부는 잘하는지, 어떤 친구들을 사귀는지, 또 나중에는 어떤 남자를 만날지 걱정하며, 행복한지, 불안하지는 않은지 매일 신경 쓴다. 내가 만난 많은 엄마가 딸에게 받기보다 더 많이 주는 것을 당연하다고 생각했다. 소피(32세)는 이 관계에 관해 이렇게 말했다. "말할 사람이 필요하면 엄마에게 전화를 걸어요. 친구에게 전화하면 저도 친구 이야기를 들어줘야 하잖아요. 그런데 엄마는 아무것도 요구하지 않아요!"

딸도 엄마에게 받는 만큼 베풀고자 노력한다. 딸은 엄마를 돕고, 지키고, 위로하고 싶어 하지만, 엄마는 자신의 자리를 굳건히 지킨다. "딸의 역할은 이런 게 아니에요."

한쪽이 더 많이 돕고, 배려하고, 귀 기울이고, 조언하는 이 불균형은 언제까지 지속될까? 생각보다 오래 간다.

마리 클로드(62세)는 딸이 대학 입학시험을 치르자 이 불균형 관계가 끝났다고 생각했다. 하지만 의과 대학에 진학한 딸은 3학년 때 어려운 진급 시험을 앞두고 크게 힘들어하다 자신감이 떨어져 학업을 포기하려고 했다. 마리 클로드는 남편과 어떻게 해야 할지 고민했다. 자신의 일도 많지만, 1년 휴직하고 딸을 도와준다면 가능할까? 마리 클로드는 딸을 포기하지 않았다. 곁에서 음식을 해 주고, 쉬어 가면서 해도 괜찮다고 다독이고, 자신감을 북돋아 주었으며, 공부하는 동기를 부여해 주었다. 학년 말 시험 결과는 어땠을까? 몇 백 명 중 30등이었다! 딸은 고마워했지만 마리 클로드는 정말 당연한 일을 했다고 여겼다.

어떤 엄마는 딸을 언제까지 도와야 하냐며 싫은 기색을 비친다. 손주를 낳아 달라고 보채는 엄마도 있다. 오딜(63세)은 언제나 적극적이었다. 오딜은 딸 세 명 모두에게 헌신했으나, 딸들이 다 결혼을 하고 자신도 직장에서 퇴직을 한 지금은 혼자 지내면서 많이 우울해한다. 오딜은 궁금하다. "딸들은 언제쯤 손주를 낳아 줄까요. 낳아 주기만 한다면 저는 물불 안 가리고 손주들을 돌봐 줄 거예요."

엄마와 딸이 허물없는 사이인 경우도 있다. 이런 엄마는 준 만큼 꼭 돌려받아야 한다고 여기지 않는다. 옆에 있고, 귀를 기울여 들어 주는 일에 관해 대가를 받아야 한다고 생각하지 않는 것이다. 엄마와 딸 사이가 불균형적인 관계가 되도록 한 사람은 엄마다. 그러므로 딸이 은혜를 몰라준다고 불만을 가질 엄마는 없다. 엄마는 아이가 아프면 고쳐 주고, 정서적·금전적으로 아이를 지원하면서도, 딸이 고마워하면 많이 놀란다. 그런 엄마가 즐겨 하는 말이 있다. "저는 정말 행복해요."

얼마 전 60세 생일을 맞은 모드의 이야기를 들어 보자. "딸들이 깜짝 생일 파티를 준비해 주었어요. 딸들은 저와 인생을 함께한 60명의 친구들을 초대했지요. 남편이 제 신경을 다른 데에 돌려놓는 동안 집을 꾸몄어요. 60개의 선물과 축하 메시지들도 준비했는데, 흰색과 분홍색으로 전체적인 톤을 맞추었더군요. 제가 그 색을 좋아하는 걸 딸들이 알았던 거지요. 또 딸들은 제가 아프면 각자 전화를 걸어서 저에게 정말 많은 것을 받았다고 말해요. 그러면 저 역시 딸들에게 많은 것을 받았다고 하지요. 엄마는 당연히 그렇게 해야 해요. 하지만 딸들이 그렇게 하는 것은 정말 멋지죠." 모드는 이렇게 끝을 맺었다. "저는 행복해요."

그러나 엄마와 딸 사이는 시간이 흐르면서 느끼기 어려울 만큼 서서히 변한다. 올가(28세)는 이 변화를 알아챘다.

"엄마와 저는 점점 관계가 바뀌어 가요. 이제는 제가 엄마에게 조언을 해요. 신기술이나, 엄마가 모아 둔 돈을 투자하는 방법, 또는 세금에 관해서요. 제가 엄마를 보호하고 엄마는 저를 따라와요. 시간이 흐를수록 저는 엄마를 더 걱정하고 엄마에게 애정을 느껴요."

수영을 가르쳐 주고 사과 따는 법을 알려 주던 활기찬 젊은 엄마, 이야기를 다 듣고 나서 내용이 기억나지 않아 "무슨 말인지 짧게 다시 말해 줄 수 있니?" 하면서 피곤해하는 나이 든 엄마. 이 두 사람은 얼마나 다른가. 엄마와 딸의 역할이 뒤바뀌는 현실 속에서는 순리를 발견할 수 있다. 언젠가 나이 든 엄마를 위해 모든 것을 주는 사람은 딸일 것이다.

### 딸을 보살펴 줘야 해요. 근데 어디까지?

엄마는 딸을 돌보고 걱정한다. 이는 엄마와 딸 관계의 영원한 특징이자 화두다. 예를 들어 엄마는 자신이 아프거나 불행할 때, 딸이 엄마의 상황에 공감하며 힘들어하지 않고 엄마 품에 얽매이지도 않은 채 스스로 삶을 일구어 나가기를 바란다. 그렇게 해서 엄마는 딸이 마음속에 간직하고 있는 비밀 정원을 지켜 주고자 한다. 이렇게 딸의 비밀 정원을 지키고, 딸에게 일방적으로 베풀어 주는 이유도 엄마가 딸을 보살피고 싶기 때문이다. 딸을 걱정하는 일, 딸에게 영원한 울타리가 되려는 일은 한없이 넓은 모성애의 일부일 뿐이다.

자니(69세)에게는 엄마가 된 40대 딸이 두 명 있다. 그녀는 이렇게 말한다. "지금은 딸들을 예전처럼 보살펴 주지 않아도 되지요. 이제 딸들을 걱정하지 않아요. 스스로 알아서 살아갈 거라는 생각이 들었어요. 얼마 안 되었지요." 딸을 성인 여성으로 대하는 데 40년이 걸린 것이다.

엄마는 앞서 걸어가며 길을 놓는다. 엄마와 딸이 서로 잘 통한다 하더라도 어릴 때는 그 의미가 약간 다르다. 그때는 평등한 사이가 아니라 엄마가 딸에게 일방적으로 베푸는 관계기 때문이다. 만났던 모든 엄마들은 친구나 후배를 대하듯 딸을 대할 수는 없다고 했다. 친구를 대할 때는 깊이 생각하지 않고 바로 반응하지만, 딸을 대할 때는 머릿속에 항상 '내가 이렇게 행동하거나 말하면 딸에게 도움이 될까?'라는 생각이 든다고 했다. 딸을 보살피기 위해 자신의 걱정과 두려움, 불안을 딸에게 전하지 않도록 조심해야 한다는 생각과 딸에게 상처 주지 말아야 한다는 생각을 가지고 있는 것이다.

사실 친한 친구와 있으면 긴장이 풀어지고, 거리낌 없이 말하며 크게 웃는다. 줄 위를 걷듯 긴장하지 않고 자연스러운 모습이다. 그러나 딸과 있을 땐 장갑을 껴서 손을 보호하듯 신중을 기한다. 일상적인 주제로 대화할 때는 즐겁게 말하지만, 좀 더 사적이고 개인적인 주제로 대화할 때는 말하기 전에 속으로 몇 번이나 그 말을 연습하며 과연 그렇게 말해도 될지 스스로 점검한다. 엄마들은 이렇게 말한다. "엄마는 딸을 보살피고, 딸에게 되도록 좋은 것만 줄 수 있도록 자신의 행동과 말을 조심해야 해요."

누군가를 보살핀다는 것은 사적인 영역까지 살핀다는 의미이므로 민감한 부분도 생긴다. 특히 간섭이라고 여겨질 수 있어서 더욱 그렇다. 지젤(61세)의 딸은 자신의 엄마랑 같이 살기를 원하는 남자와 결혼했다. 그 엄마는 아들을 떠나지 않았다. 외식할 때도, 주일 미사를 드리러 갈 때도 세 명이 함께 갔다. 아들 부부가 텔레비전에서 방송하는 영화를 보면서 이야기할 때는 집에 두 명이 있었지만 전화로 엄마와 함께했다.

지젤이 보았을 땐 마치 딸이 남편과 시어머니 '세트'와 결혼한 듯 살아갔지만, 딸은 불평하지 않았다. 지젤은 경악한 채 사위와 사돈의 잔꾀를 지켜보았다. 자신이라면 절대 감당하지 못했을 것이다! 지젤에게는 딸이 이 상황에 불평하지 않아 위태로워 보였다. 하지만 그녀는 아무 말도 하지 않았고, 친구들이 비난하려고 하면 딸 편을 들었다.

"우리 딸은 마음이 여려. 근데 지금은 딸이 충격받은 것 같지도 않고 불행하지도 않은 것 같아. 괜히 내가 나서서 딸을 힘들게 하고 싶지 않아."

지젤은 얼마나 이성적인가. 아무리 이상한 상황처럼 보여도 딸의 행복이 중요한 것이다.

베르티유(56세)의 이야기도 있다. 베르티유는 지적이고 야망 있는 활동적인 여성으로, 다른 여성 두 명과 동업해 지방

대도시에 개인 의원을 세운 방사선과 의사였다. 베르티유의 의원은 자리를 잡아 갔고, 베르티유는 그곳의 시장까지 만날 정도로 유명한 사람이 되었다. 베르티유에게는 딸이 한 명 있었는데 아주 얌전하고, 겸손하며, 가정적이었다. 베르티유는 그런 딸을 조심스럽게 대했다.

"저는 딸이 제 딸로 태어난 것을 좋아한다고 느껴요. 딸은 제 원피스를 입고, 구두를 신고, 향수를 뿌리지요. 저는 딸에게 물건들을 빌려줘요. 딸은 일주일에 서너 번씩 전화를 걸어서 조언을 구하거나 부탁을 해요. 또 자기 남편을 정말 사랑해요. 사위는 잘생겼고, 정말 다정하고, 나쁜 말은 절대 입에 담지 않아요. 딸은 사위와 함께 있을 때 정말 행복해 보여요. 그렇지만 제 눈에는 사위의 단점이 많이 보인답니다. 사위는 저와 정반대예요. 경력을 쌓을 생각을 안 해요! 우습게 생각하지요. 사위는 기타를 가르치는데, 다른 일은 할 생각이 전혀 없어요. 저는 사위에게 자극을 주고 싶어요. '자, 얼른 학원을 차리든지 해서 돈을 벌어 오라고. 자네도 성장하고, 아이들도 잘 키워야 할 것 아닌가!' 저는 사위가 뭐라도 하도록 딸에게라도 이야기를 하고 싶어요. 그러나 그런 말을 하면 저는 제 딸을 잃을 수도 있어요. 가만히 있어야 해요. 참다 못해 저는 심리 상담사에게 갔지요. '네 남편은 해야 할 일을 하지 않아!'라고 딸에게 말해야 하는 사람은 제가 아님을 알아요. 저는 사위도, 딸도 변화시킬 생각은 없어요. 사위를 비난하면서 딸의 행복을 해치거나 딸을 우울하게 하고 싶지 않아요. 딸은 이 문제에 관해 저와 생각이 다른 듯해요. 그러니 제가 무슨 말이라도 꺼낸다면 서먹해질지도 몰라요. 생각해 보면 제 딸이 저처럼 살지 않아서 뭐가 문제지요? 제 딸과 사위는 성공과 돈을 좇지 않아요, 그래서 그게 문제가 되나요? 제 딸은 다정하고 사랑스러워요. 남편과 아이들과 함께 있으면 행복해하지요. 그러면 됐어요. 완벽해요. 제 역할은 딸의 가족이 평온하게 지낼 수 있도록 하는 것이에요."

딸도 사랑스럽지만 엄마도 사랑스럽다. 엄마는 모녀의 특수한 관계를 머릿속에 간직하고 있다. 이 두 사람은 함께 있더라도 시시콜콜한 잡담을 나누는 또래 여성처럼 시간을 보내지 않는다. 베르티유는 자신이 하는 말의 무게를 안다. 엄마는 전부 말하는 법이 없다. 자신에게서 나오는 모든 것이 딸에게 더 강렬하고 심각하게 받아들여짐을 안다. 그리하여 늘 긍정적인 자세를 유지하고, 용기를 북돋아 주는 사람이 되고자 노력한다. 딸에게 부정적인 영향을 미칠 수 있는 것에서 딸을 보호하기 위해 조심한다. 자식을 위해 거르고, 보호하는 것은 모든 엄마의 특징이다. 엄마는 딸에게 더욱 주의를 기울여야 한다고 말한다.

마르틴(62세)은 이렇게 말했다. "이 아이가 제 딸임을 되새겨야 해요. 제 행동과 말이 딸에게 좋은 영향을 주고, 도움을 주는지, 제가 제 문제에서 딸을 보호하고 있는지 살펴보아야 해요. 딸이 엄마와 사이가 좋다고 생각하는지 확인하는 일은 엄마의 몫이거든요."

이본(60세)도 그렇다고 말했다. "저 스스로 조심해야 해요. 자칫 잘못하면 딸을 친구 대하듯 대하게 되거든요. 제 딸은 아주 섬세해서 제가 무슨 이야기를 하면 제 시야를 넓혀 주고, 조언도 해 줄 수 있을 거예요. 저는 딸에게 마음을 털어놓고 싶어요. 그런데 이 이야기를 들어 주는 것은 딸의 역할이 아니에요. 제가 그렇게 해서도 안 되고요. 그래서 하고 싶은 이야기가 있어도 자제하는 편이에요."

원칙적으로는 그렇다. 그렇지만 이 보호막이 더는 제 역할을 하지 못하는 충격적인 순간들이 온다. 마리(47세)는 암을 선고받고 불안을 감추지 못했다. 아팠고, 두려웠다. 마리의 딸은 이 모습을 지켜보았다. 마리의 딸은 "엄마가 괴로워할 때 저도 흔들렸어요. 더는 살아갈 수도, 뭘 생각할 수도 없었지요. 울고만 싶었어요."라고 말했다.

오로르(48세)는 교통사고로 단 몇 분 만에 남편을 잃고 절망에 빠져서 딸들도 슬프다는 것을 잊고 말았다. 그래서 오로르가 "나는 남편을 잃었어."라고 말하니 막내딸이 이렇게 대답했다. "저는 아빠를 잃었어요."

마틸드(59세)는 남편과 힘든 시기를 보냈다. 마틸드는 딸인 카미유에게 이 상황을 말할 수밖에 없었다. 카미유는 사람들 말을 경청하는 편이었다. 성숙했고, 무엇이든 섣불리 판단하지 않았기 때문에 누구나 그녀에게 말할 수 있었다. 마음을 털어놓게 하는 힘이 있었던 것이다. 카미유는 엄마 마틸드와 당시 이야기했던 것에 관해 이렇게 말했다.

"엄마는 부부 관계에 관한 다른 사람의 의견을 들어 봐야 했어요. 그래서 제가 엄마와 사랑을 주제로 이야기를 나눴어요. 엄마는 갱년기가 다가오니 불안하다고 했지요. 엄마인데도 엄마가 아니라 친구처럼 느껴졌어요. 그래서 부담스러웠어요. 엄마와 지나치게 친밀한 사이가 된 느낌이었지요. 저는 엄마와 이렇게 가까워진 게 불편하다고 말했어요. 다행스럽게도 엄마는 제가 정한 선을 잘 이해했어요. 저에게 말하기보다 심리 상담사를 찾아가는 게 어떻겠냐고 권하니 엄마는 그렇게 했어요. 딸은 부모님의 부부 관계를 알고 싶어 하지 않아요. 부모님의 사적인 불만을 듣는 것 말고 다른 할 일도 있고요. 딸도 살아 나가야 할 자신의 삶이 있잖아요. 이제는 저도 자리를 잡았으니, 엄마와 가까워져도 덜 불편할 거예요. 지금은 마음속 이야기나, 사적인 이야기들까지도 더 쉽게 받아들일 수 있을 것 같아요."

물론 엄마와 딸 모두가 관심 있는 분야가 있다면 편하게 대화할 수 있을 것이다. 어떤 이들은 좋아하는 주제를 공유하는 게 정말 즐겁다고도 한다. 정치, 패션, 요리, 여행, 유전자 변형 식품GMO부터 기저귀나 동종 요법, 친척들 이야기까지 대화 주제는 무궁무진하다. 딸이 어렸을 때부터 서로 간의 공통된 관심사를 키워서 멋진 한 쌍을 이루는 엄마와 딸도 있다. 그리 놀랄 만한 일도 아니다.

사적인 일 중에서도 딸은 인간관계나 연인 관계에서 겪는 어려움을 엄마에게 말할 수도 있다. 그러나 엄마에게 지나치게 큰 영향을 받고 싶어 하지는 않기 때문에 모든 것을 말할 필요가 없다고 생각한다.

사라(20세)는 "어릴 때 엄마의 말은 진리 같았어요."라고 말했다. "엄마가 싫어하는 연예인은 저도 좋아하기 힘들었어요. 제 친구들과 연인에 관한 엄마의 의견은 제게 큰 영향을 끼쳤지요."

엄마와 딸이 지나치게 사적인 주제를 피하는 이유다. 아무리 서로 잘 통하는 사이더라도 각자 방문을 닫기 전까지일 뿐이다. 방문을 닫으면 이 관계는 중단된다.

엄마가 딸을 보호하기 위해 드러내지 않는 부분도 있다. 나이가 들어 간다는 것을 의미하는 변화다. 안느(58세)는 30대 쌍둥이 딸을 둔 엄마다. "세대 차이는 존재하지요. 딸들은 저를 엄마로 보지, 여성이라고는 전혀 상상하고 싶지 않을 거예요. 나이가 드는 것이 제 몸과 건강에 어떤 영향을 미치는지 저도 딸들에게 말하지 않아요. 제 신체가 노화되는 것을 알게 되면 딸들은 어색해할 거예요. 그 애들이 저처럼 나이 들기까지는 아직 시간이 있어요. 저는 화장을 하고, 제 자신을 가꿔요. 딸들은 성숙한 여성이 아름답다고 생각하기 때문에 이런 저를 존중해 줘요. 그 애들도 현재 자신의 아름다움을 즐기면서, 삶의 각 단계들을 평온하게 오롯이 누리면 좋겠어요."

### 한마디가 평생을 사로잡아요

엄마와 딸을 만나 이야기를 들으면서 인상적이었던 점이 있다. 엄마의 말과 행동, 시선이 딸에게 큰 영향을 미친다는 것이다. 딸에게 엄마는 생애 최초의 거울이다. 딸은 엄마의 얼굴에서 자신의 모습을 본다. 그렇다면 딸은 엄마에게 기쁨을 줄까? 귀엽고 사랑스러운 아이일까? 엄마는 딸을 낳아서 행복할까? 뿌듯할까? 이런 경우 어린 딸은 엄마의 눈 속에서, 얼굴에서 자신에 관한 감정을 발견하고 스스로를 사랑하는 법을 배운다. 딸은 자신감을 얻는다. 이 자신감은 딸의 인생 전반에 작용한다. 그래서 딸은 자신의 존재를 증명해 주는 듯한 엄마의 기쁨과 만족을 살펴보는 행동을 멈추지 않는다.

그렇다면 말은 어떨까? 말은 오랫동안 뇌리에 남아 사람에게 상처를 주기도 한다. 끔찍한 일이다. 같은 문장, 같은 표현이라도 모르는 사람이 말했다면 우리는 듣고 나서 잊을 수 있다. 그러나 엄마가 말했다면 마음에 끊임없이 폭풍우가 몰아치는 것과 같다.

프랑스 여배우 뮈리엘 로뱅은 예전에 엄마에게 들었던 말을 회상했다. 이미 30년이 지났지만 그녀는 그 말을 생각하면 여전히 눈물이 났다. 수년간 심리 치료를 했고, 지금은 행복한 삶을 사는데도 별수 없었다. 마치 불행한 메아리가 절대 멈추지 않는 듯했다. 30년 전, 성공한 로뱅은 파리에서 단독 공연을 하게 되었다. 로뱅의 엄마가 파리로 왔다. 로뱅은 엄마가 묵는 호텔로 찾아갔다. 엄마를 기쁘게 해 주고 자신의 성공을 엄마도 실감할 수 있도록 해 주고 싶은 마음에 이 배우도 보고 저 배우도 만났다고 말했다. 엄마는 당혹스러워했다. 로뱅은 엄마 기분을 풀어 주고 싶어 유명한 배우들의 이름을 더 댔지만 엄마는 반응이 없었다. 로뱅은 돌아가려고 자리에서 일어났다. 그때, 엄마는 불행의 씨앗이 될 말을 로뱅에게 내뱉었다.

"그래! 가서 너 좋은 거나 해!"

딸은 자신의 성공과 제 존재를 기쁘게 생각할 수도 있었다. 그러나 엄마의 이 끔찍한 한마디는 모든 것을 손바닥 뒤집듯이 단번에 엎어 버렸다.

파니(25세)는 이렇게 말했다. "엄마들은 자신의 힘을 알지 못해요. 자신의 말과 행동이 우리에게 얼마나 영향을 미치는지 깨닫지 못하지요."

모든 엄마는 아이를 절망에 빠트리는 말을 할 수 있다. 엄마와 딸이 좋은 관계라면 차차 이 말은 묻힌다. 잠깐 영향은 주겠지만 수차례 격려를 받고 칭찬을 들으면 이 말의 영향력은 줄어든다. 만약 로뱅이 그전에 엄마의 눈에서 딸을 자랑스러워하는 마음을 읽었더라면, 이 말을 깊이 생각하지 않았을 것이다. 오히려 "엄마, 나 혼자만 좋아하는 일을 해서 서운했구나."라면서 웃어넘길 수도 있었을 것이다. 행복한 관계에서는 누가 실언을 해도 가볍게 넘기거나, "근데, 저번에 엄마가 나한테 그렇게 말했던 거, 좀 그렇더라."라고 말하며 그 말을 다시 꺼낼 수도 있다. 그러면 표현을 잘못했다거나 실수였다고 말하고, 고치면 되는 것이다.

다른 예로, 엘루아즈(58세)는 딸에게 바보 같다는 말을 농담식으로 했다. 그러나 예민한 관계에서는 농담도 진담으로 여겨질 수 있다. 엘루아즈는 딸이 "알았어요! 엄마는 나를 칭찬한 적도 없고, 자랑스러워하지도 않잖아요!"라며 짜증을 내는 것을 보고는 깜짝 놀랐다. 그녀는 당연히 딸을 자랑스러워한다. 딸은 똑똑하고 어떤 일도 잘 해낸다고 생각한다.

"그런데 저한테는 절대로 그렇게 말하지 않잖아요!"

오해다. 엘루아즈는 딸을 자랑스럽게 생각했기 때문에 딸도 자신의 생각을 안다고 믿었다. 엘루아즈는 이렇게 말했다. "스스로 행복해하고 만족하는 건 좋은 일이지요. 그래도 자신이 남보다 뛰어나다고 믿으면서 자만해서는 안 된다고 생각해요. 물론 저는 딸이 자랑스러워요. 그렇지만 자만해서는 안 되기 때문에 잘 표현하지는 않아요."

딸이 예민하다는 것을 잘 알게 된 엘루아즈는 이제 더 조심한다. 한편 딸은 엄마가 자신을 자랑스럽게 생각하더라도, 엄마 눈에는 가끔 자신이 부족해 보인다는 것을 알게 되었다.

### 좋은 엄마란? 좋은 딸이란?

내가 만난 여성들은 입을 모아 "모든 일이 순조롭게 풀릴 때는 더 쉽게 좋은 엄마가 될 수 있어요."라고 말했다. 엄마는 딸을 사랑하고, 딸에게 생활 규범을 가르쳐 주지만 엄마와 딸에게는 각자의 삶이 있다. 엄마는 남편을 챙기고, 친구와 우정을 쌓고, 일도 한다. 딸은 유치원에 가고, 학교를 다니며, 애인을 사귄다. 두 사람은 그러다가 좋은 일이 생기면 함께 그 순간을 나눈다. 딸과 이렇게 잘 지내니 엄마는 서로가 잘해 왔기 때문이라고 생각하며 자신과 딸에게 만족한다. 그러나 가족에게 질병, 사고, 실직, 이사, 불합격 등의 일이 생겨 인생이 힘들어지면 엄마는 "되는 게 하나도 없어요."라고 말한다.

이때는 무엇인가가 어긋난다. 관심과 보살핌은 줄어들고 두려움과 불안은 심해진다. 엄마가 신경 쓰지 않을수록, 딸은 더 반항한다. 이런 반항은 비난하기, 거리 두기, 도발하기처럼 작은 행동으로 시작된다. 그러나 엄마가 이를 이해해 주지 않으면 더욱 심각해진다. 이렇게 관계가 어긋나는 원인은 엄마나 딸 중 어느 한쪽이 관계가 변화되는 시기를 제대로 보내지 못했기 때문이다. 그럼 과연 혼란스러운 이 상황에서 '충분히 좋은 엄마'란 어떤 엄마일까? 소아과 의사이자 심리학자인 도날드 위니캇은 비난, 다툼, 침묵, 죄책감, 불안, 두려움, 분노가 엄습하는 와중에도 계속해서 자신의 딸에게 엄마이기를 원하는 사람이라면 '충분히 좋은 엄마'라고 말한다.

아델(55세)은 자신과 만나기도 싫어하고, 말하지도 않으려는 딸 때문에 힘들어했다. 딸이 이전처럼 친밀하게 대한다면 어떻게 하겠냐고 물었더니 아델은 두 팔 벌려 안아 주겠다고 대답했다.

프랑수아즈의 딸은 10년째 우울증을 앓고 있다. 그리고 프랑수아즈는 이런 딸에게 심하게 잔소리를 하곤 했다. 프랑수아즈가 못된 엄마이며 딸이 병에 걸린 것에 책임이 있을 수도 있다. 하지만 이 엄마는 꾸준히 딸을 찾아갔고, 딸의 냉장고를 채워 주었으며, 딸을 위해 무엇을 할 수 있는지 알아보려고 딸의 주치의에게 편지를 보냈다. 이처럼 '충분히 좋은 엄마'는 딸에게 엄마로 남으려는 노력을 절대로 멈추지 않는다. 병들어 생의 마지막 순간에 있다 해도 변함없이 노력한다.

프랑스의 전 국무총리 리오넬 조스팽의 어머니인 미레

> 이유 조스팽은 92세에 죽었다. 미레이유는 딸의 슬픔을 달래 주고 싶어서 죽음을 준비하며 편지를 주고받았다. 좋은 엄마란 이런 엄마다.
>
> 　그렇다면 좋은 딸이란 어떤 딸일까? 소녀든, 성인 여성이든, 엄마의 장점을 인정하고 실수를 용서하며, 자신의 삶 속에 엄마의 자리를 내어 주는 딸이다.

### 완벽한 관계는 없어요

　엄마들이 생각하는 최고의 엄마는 어떤 모습일까? 어떤 엄마들은 집안일 잘하고, 딸이 숙제를 잘했는지, 귀까지 깨끗하게 잘 씻었는지 봐 주고, 어느 상황에서 "안녕하세요.", "고맙습니다.", "실례합니다."와 같은 말을 해야 하는지 가르쳐 주면 엄마로서 최고라고 생각한다. 틀린 말은 아니다. 하지만 구체적인 행동보다 더 중요한 게 있다. 모든 행동을 사랑으로 하면서, 딸이 스스로 무엇인가 하고 싶다는 생각을 하게 이끌고, 자신에게 만족하도록 해 주어야 한다.

　딸에게 원피스를 입히는 방법은 두 가지가 있다. 먼저 사랑으로 원피스를 입히며 이 기회에 딸을 더 웃게 하는 진심 어린 방법이 있다. 다른 사람들에게도 예쁘게 보이도록 꾸며야겠다는 좋은 생각을 하며 원피스를 입히는 것도 그런 방법이다. 다른 방법은 냉정하고 기계적으로 원피스를 입히는 방법이다. 그럼 엄마와 딸은 마치 로봇같이 되어 버릴 수 있다. 다른 엄마, 다른 딸이 되어 버린다.

사랑이 가득한 교류, 유일무이한 사적인 교류. 사람들이 평생 찾고자 하는 것도 이것이다. 소울메이트를 찾는다고 이야기할 때도 사람들은 유일무이하고 사적인 교류를 꿈꾼다고 말한다. 딸에게 예쁜 원피스를 입힌다고 좋은 엄마가 되지는 않는다. 엄마의 마음이 중요하다. 엄마는 딸을 기분 좋게 하고 싶을까? 아니면 예쁘게 꾸미면 즐겁다는 것을 딸에게 알려 주고 싶을까? 그것도 아니라면 단지 진분홍색 아기 우주복보다 이 예쁜 원피스가 딸에게 훨씬 잘 어울린다는 생각일까?

어린 시절에 제대로 된 인간관계를 형성하지 못해 감정적으로 부족한 부분이 있는 어떤 아이는 나중에 지지와 응원, 사랑을 받아도 뒤처진 운동 능력과 지적 부진을 만회하지 못했다. 또한 나중에도 사랑하거나 사랑받을 수 없었다.

가수 알랭 수숑은 "사람들은 우리를 믿게 하네, 옷장을 가득 채우는 것이 행복이라고."라고 노래했다. 몸을 누일 곳이 있고, 배를 채울 수 있어서 행복하다는 말도 맞다. 그러나 진정한 행복은 주위 사람과 즐겁게 교류하면서 얻을 수 있다. 한번 생각해 보자. 가게의 상인이나 행인과 우연히 기분 좋게 이야기하는 것만으로도 하루가 빛날 수 있다. 가벼운 만남이든 중요한 만남이든, 일상에서 기분 좋게 일어나는 만남이라면 우리를 행복하게 하는 '진정한 만남'이다. 이렇게 더불어 사는 법을 딸에게 잘 가르치고 있는지 확인해 볼 간단한 방법이 있다. 사람들과 '진정한 만남'을 하면서 딸이 기뻐하는지 확인해 보는 것이다.

어떤 엄마와 딸 사이에서는 모든 것이 생생하게 제 작용을 한다. 예를 들어, 엄마는 딸에게 어리석은 짓을 해서는 안 된다고 가르친다. 그러나 엄마와 딸은 아무리 좋은 사이여도 완벽한 사이는 아니다. 로봇이 아니기 때문이다. 쉴 새 없이 여러 가지 기분과 감정을 느끼며, 가끔은 주의를 기울이지 못할 때도 있다. 이 모든 것이 엄마와 딸의 관계에 영향을 미친다. 어떻게 생각하면 이는 엄마와 딸이 살아 있는 인간이라는 의미라서 더 나을 수도 있다. 이러한 불완전성 때문에 우리가 더더욱 교류하는 것이다. 딸은 받아들이기 힘든 상황에 반응을 보이며 엄마가 자신의 존재를 인식하고 이해하도록 한다. 딸이 반항하며 제 존재를 부각시키는 것도 엄마와 교류하기 위한 것이다. 이 방법으로 딸은 자기 자신이 되어 가고 사람들 사이에서 존재하는 법을 배운다. 그러므로 엄마와 딸이 완벽한 관계를 맺는지는 중요하지 않다. 서로 표현하고 맞춰 갈 정도로 '충분히 좋은' 관계인지가 중요하다.

예전에 공원에서 만났던 어떤 엄마가 떠오른다. 그 엄마는 깊은 슬픔에 빠져 어린 딸 둘을 의기소침하게 하는 말을 했다. "나는 너희에게 필요한 엄마가 아니야." 그때 내가 그녀에게 조언할 수 있었다면 이렇게 말했을 것이다. "맞아요. 오늘은 그럴지도 모르죠. 당신은 지금 피곤해 보여요. 그게 아니면 용기를 잃은 걸지도 몰라요. 하지만 사람들에게 도움이나 조언을 청하면 기운도 되찾고 답도 찾게 될 거예요. 만약 내일 그렇지 않더라도 모레는 그럴 거예요. 딸들의 조언이 도움이 될 수도 있을 거예요. 자신감을 가져요. 엄마와 딸이 항상 좋은 관계일 필요는 없어요. 괜찮은 관계면 그걸로 됐어요."

한편 매우 잘 맞는 엄마와 딸도 있다. 알레나(40세)는 모험을 즐기며, 겁이 없다. 알레나는 네 살 때, 엄마에게 불이 들어오는 지구본을 선물로 받았다. 알레나는 지구본을 보며 나라에 관해, 또 그 밖의 다른 것들도 엄마에게 자세히 물어보고는 했었다. 알레나의 엄마인 파스칼(63세)은 종종 위축되고, 혼자 있기 좋아하는 소심한 엄마 밑에서 자랐다. 그래서 딸이 세상과 사람들에게 호기심을 갖는 것을 좋게 생각했다. 파스칼은 딸에게 "네 꿈을 펼칠 능력을 갖추고, 좋은 사람들 주변에 있거라."라는 조언 외에 다른 말은 하지 않았다. 알레나는 특파원이 되기 위해 사진 찍는 기술을 배웠고, 전 세계 어느 나라에서도 소통할 수 있도록 여러 언어도 배웠다. 지구력을 키우려고 여러 운동을 했다. 스스로를 보호하려고 격투기도 배웠다. 알레나는 지금 극한 상황에 처한 곳을 찾아 전 세계를 돌아다닌다. 그러면서 고통스럽고 믿기 어려운 순간들을 경험한다.

여행, 위험, 강렬함. 이게 바로 알레나의 삶이다. 알레나는 자신의 삶을 열정적으로 사랑한다. 다른 엄마가 알레나 같은 딸을 두었더라면 닿지도 않을 이메일이나 문자 메시지를 보내며 항상 불안해할 것이다. 제대로 살지 못할 것이며, 딸도 엄마가 자기 때문에 불안해한다는 것을 알게 되면 견디지 못할 것이다. 그리고 열정적으로 살고 싶다는 마음과 거기서 오는 기쁨을 어느 정도 포기할 것이다. 알레나 같은 딸에게 잘 적응하지 못하는 엄마라면 "먼저 직업부터 찾아!"라며 딸이 하고자 하는 일을 반대할 것이다. 딸이 원하는 대로 "그래, 한번 가 봐."라고 메시지를 보냈다가 자신의 마음대로 "여기 있으면 안 되겠니?"라고 메시지를 보내며 딸을 더 혼란스럽게 할 수도 있다. 아니면 이렇게 말을 돌려서 화제를 전환할 수도 있다. "너 결혼 안 하니? 애는 안 낳을 거야?"

그러나 파스칼과 알레나는 합의점을 찾았다. 엄마가 완벽해서가 아니라 딸의 성격이 엄마에게 맞았기 때문이다. 그래서 파스칼과 알레나에게 같이 춤추는 일은 쉽다.

### 빅투아르(37세)의 이야기
## 엄마를 사랑하지만 저희는 전혀 달라요

저희는 공통점이 하나도 없어 딱히 나눌 만한 이야기도 없어요. 엄마는 지적인 사람이지만 저는 아니에요. 엄마는 이상적이고 저는 세속적이에요. 하지만 저는 엄마보다 더 인간미가 있지요. 저는 잡지 《파리마치 Paris Match》를 읽어요. 제 관심사는 연예인, 이웃, 빵집 사장님이에요. 저는 그들의 아이들 이름은 무엇이고, 직업은 무엇인지 다 알아요. 사람들도 저에게 속내를 많이 털어놓는 편이에요. 하지만 엄마는 뒷담화 한다고 받아들여요.

정치에 관해서 엄마는 열변을 토하지만 저는 별로 관심 없어요. 저는 하느님을 믿지만 엄마는 신을 믿지 않아요. 저는 분홍색 옷을 입지만 엄마는 검정 옷을 좋아하지요. 저는 통통하지만 엄마는 말랐어요. 저는 하늘하늘한 옷을 입고 외모에 신경 쓰는데, 엄마는 외모에 전혀 신경을 쓰지 않아요. 다 이런 식이에요. 화장, 매니큐어, 인테리어, 옷, 조화롭게 색을 맞추기. 저에게는 자신을 표현하는 방법이지만 엄마는 저와 정반대로 생각해요. 엄마 마음에 드는 선물을 하려면, 이상한 옛날 거 같은 보석을 사야만 해요. 엄마에게 "차 한 잔 해요."라거나 "작은 레스토랑에서 같이 밥 먹어요."라고 말하면 엄마는 뭐 하러 그러냐는 듯 눈을 동그랗게 뜨고 저를 보지요. 엄마는 그런 것에 관심이 없어요.

저희가 자주 만나려면 엄마나 저나 서로 노력해야 해요. 하지만 둘 다 그다지 보고 싶어 하지 않아서 자주 만나지 않아요. 그렇다고 괴롭지는 않아요. 다투는 일도 별로 없어서 화나지도 않고, 죄책감도 느끼지 않거든요. 엄마나 저나 어쩔 수 없어요. 뭐, 아쉽기는 하지만 저는 엄마가 원래 이런 사람이라고 생각해요. 엄마도 저를 있는 그대로 받아들여야 하고요. 엄마는 제가 꿈꾸던 엄마가 아니지요. 저 역시 엄마가 꿈꾸던 딸은 아닐 테고요. 누구도 자기 아이를 선택할 수는 없잖아요. 엄마가 없는 사람은 없고요. 어쨌든 저희 엄마고, 제가 믿을 수 있는 사람이에요. 엄마는 항상 저를 응원해 줬어요. 제 마음을 상하게 하는 말을 한 적도, 제 삶이나 제 아이들을 나쁘게 말한 적도 없어요. 그 점은 정말 고마워요. 엄마를 사랑하지만 저희는 전혀 달라요. 아쉽지만 어쩔 수 없지요.

### 신뢰란 무엇인가요?

빅투아르의 엄마와 빅투아르는 공통점이 없다. 엄마와 딸을 사고파는 상점이 있다면 이 두 사람은 아마도 서로를 사지 않을 것이다. 하지만 빅투아르의 엄마와 빅투아르의 관계도 충분히 괜찮다. 맞는 점이 없지만 누구도 힘들어하지 않는다. 빅투아르의 엄마는 딸이 자신을 필요로 할 때 괜찮은 엄마가 되어 주고, 남은 시간은 자신의 삶을 살아간다. 우리는 엄마나 딸의 환심을 사려고 성격을 고칠 수는 없다. 두 사람이 각자 혼자 있는 시간을 가져 보고 함께 있는 시간도 가져 보면 서로에게 좋을 수 있다. 그러다 보면 서로 긍정적으로 대화할 수 있는 마음의 여유가 생길 것이다.

아리안(28세)은 가족에게 헌신적이지는 않다. 그래서 엄마를 자주 보러 가야 한다고 느끼지 않는다. 그러나 엄마가 원한다면 기꺼이 기차에 오를 것이다. 엄마에게 기쁨을 주고 싶기 때문이다. 엄마와 딸의 관계에서는 상대가 나를 비난할 거라고 짐작하며 두려워하면 안 된다. 그 두려움 때문에 불안해져서도 안 되고, 찾아갔을 때 거절당할 거라는 생각도 버려야 한다. 그리고 서로가 만났을 때 두 사람이 서로의 다름을 인정하고 이런저런 대화를 나눌 수 있어야 한다. 빅투아르도 이를 잘 표현했다. "엄마와 저는 전혀 달라요."

빅투아르는 서로 잘 맞지 않아 아쉬워하지만 힘들어하지는 않는다. 빅투아르는 엄마를 믿으며, 엄마가 자신을 자랑스러워함을 알기 때문이다. 빅투아르의 엄마는 딸과 공통된 관심사는 없지만 딸을 구속하거나, 비난하지 않는다. 딸이 자신과 다르지만, 훌륭하다고 생각한다. 가끔씩 스스로를 소심하다고 느끼는 자신과 다르게 딸은 사람들에게 쉽게 다가가고, 스스로에게 만족하며, 확신을 가지고 콤플렉스에서 벗어났기 때문이다.

이처럼 우리는 신뢰 속에서 각자의 특성을 고려하고 조화를 이루고자 노력한다. 그렇지만 조화를 이루지 못하는 경우도 있다. 누구는 어리광 부리기를 좋아하지만 누구는 그렇지 않고, 누구는 바깥바람을 쏘이려고 외출하기를 좋아하지만, 누구는 차 한 잔을 옆에 두고 조용히 실내에 있기를 좋아한다. 누구는 말하기를 좋아하지만 누구는 움직이기를 좋아한다. 이 책에서 제안하는 상호 작용이 각양각색으로 나타나는 이유가 이렇듯 딸의 성격이 다르기 때문이다.

미국의 정신 분석가 브루노 베텔하임은 엄마들에게 "자녀들의 취향을 받아들여 보세요!"라고 조언했다. 누가 나에게 끼치는 영향을 받아들이라는 것은 상대가 원하는 대로 행동하라는 의미가 아니다. 딸도 자신이 싫어하는 일을 하는 사람에게 반항하면서 스스로를 정립해 나간다. 마루트(56세)는 딸인 마린(25세)에게 비난을 들었다. 마루트는 지나치게 조용하고 신중했다. 마린은 "엄마가 어떤 사람인지 아무도 몰라요. 엄마는 아빠 뒤에 숨어 살잖아요."라며 엄마를 비난했다. 대부분의 엄마는 이런 말을 들으면 눈물을 흘릴지도 모른다. 그러나 우는 대신 자신이 왜 그렇게 행동하는지 그 이유를 설명해야 한다. "네 아빠 뒤에 숨어 사는 것이 아니야. 엄마는 나서는 것을 좋아하지 않아. 조용히 사는 게 좋아. 그래서 엄마 대신 모든 이목이 집중되는 남자와 사는 게 정말 잘 맞지."

0.5초만이라도 텔레비전에 나오기를 꿈꾸듯 사람들이 자신에게 관심을 가져 주길 바라는 마린은 엄마가 신기하면서도 흥미롭다. 엄마는 계속 말한다. "엄마의 의견을 꼭 말로 해야 한다고 생각하지 않아. 머릿속으로 혼자 생각하면 되거든. 만약에 네가 엄마의 생각을 알고 싶다면 물어봐. 엄마는

네가 궁금해할 만한 게 뭔지 모르니까."

만약 마린이 "엄마는 일할 때 소심해요."라고 한다면, 마루트는 동요하지 않고 "일만 하다 보니 그런 성격이 된 것인지도 모르겠구나."라고 하면 된다. 상대의 영향을 받아들이겠다는 것은 함께 춤추며 조화를 이루겠다는 뜻이다. 서로 신뢰를 가져야 자유롭게 대화할 수 있다. 그래야만 엄마와 딸은 춤을 추며 조화를 이룰 수 있다.

### 나도 존중받고 싶어요

사람의 몸과 마음에는 그만의 보호 구역이 있다. 이 구역은 아주 개인적인 것으로 어느 누구도 함부로 침범할 수 없다. 사람은 친한 이에게만 이 '보석'을 보여 주려고 마음을 연다.

누군가를 존중한다는 건 그 사람의 보호 구역을 지켜 준다는 의미다. 다른 사람에게 존중받을 때, 그 사람은 자신이 한 명의 사람이며, 보호받는다고 느낀다. 그러므로 존중은 상대에게 존경을 표하는 것이자 다정함이다. 상대의 보호 구역을 침범해 그에게 상처를 입히지 않았는지 스스로를 돌아보는 것이다. 오늘날 부모들은 상대를 존중하는 사람이 되도록 자식을 교육하려 한다. 존중은 어린이를 인격체로 대하는 긍정적인 교육의 중심 개념이다. 어린이에게 해선 안 되는 걸 가르쳐 줄 때도, 그 안에 타인 존중의 뜻이 담겼다고 설명하며 어린이를 이해시킨다.

우리는 보호 구역에 있으면 안식처에 온 듯 편안하고 보호받는다는 느낌이 든다. 행복한 관계에 있는 엄마와 딸은 서로를 분리하고 보호하는 이 구역을 준수한다. 존중을 바탕으로 상대와 관계를 맺으면서 상대의 기분, 감정, 비난에 정면으로 대응하지 않는다. 상대가 자신의 호불호를 전혀 드러내지 않더라도 개의치 않는다. 엄마들 중에는 딸을 걱정하는 마음에서 자신의 의견을 내비치지 않으려는 엄마도 있었다. 마리옹(50세)은 딸 레베카(25세) 이야기를 하면서 "저는 제가 가진 두려움을 딸에게 전하지 않으려고 조심했어요."라고 했다.

"저는 두려운 게 많아요. 출산이 두렵고, 교통사고가 날까 봐 두려워요. 할머니가 교통사고로 할아버지를 잃었거든요. 건강 염려증 환자라 그런지 병에 걸릴까 두렵기도 해요. 저는 제 딸이 저에게 영향을 덜 받으면 좋겠다는 마음에 제 의견을 말할 때 꼭 필요한 말만 하려고 해요."

서로 존중하는 사이에서는 상대에게 충격을 주거나 상처 입히지 않고, 상대를 배려하려고 조심한다. 상대를 아프게 하지 않도록 자신의 말과 행동을 점검한다. 존중하는 엄마는 딸이 자신을 필요로 할 때 도움이 되고 싶어 한다. 딸 방에 들어가기 전에 먼저 노크를 하듯, 엄마는 딸이 질문한 것보다 더 많이 대답해 주고, 외출을 하거나 휴가를 가는 건 어떤지, 연애를 해 보는 건 어떤지 제안한다. 그러면 딸은 이를 자기 나름의 방식으로 받아들인다. 이러한 관점에서 보면 존중은 다정함과 자유의 결합체다. 정신 분석가 프랑수아즈 돌토는 자녀를 '손님처럼' 대하라고 조언하면서 부모에게 존중의 지표를 제시했다.

엄마와 딸 사이의 거리를 존중하는 것은 세대의 질서 속에서 각자의 위치를 존중하겠다는 의미다. 아리안(53세)은 남편과 사별한 후 새로운 사람을 만난다. 그녀는 딸 소피(20세)에게 이 말을 꺼내기를 망설였다. 자신의 감정을 딸과 공유할 필요가 없다고 생각했기 때문이다.

"이 일을 말하면 딸에게 저를 여성으로 보라고 강요하는 거예요. 엄마도 자신처럼 감정에 휘둘리는 사람이라고 여기는 게 그리 좋을 것 같지 않았어요. 딸은 이제 스무 살인데 엄마가 열다섯 살 소녀처럼 사랑에 빠진 걸 알아서 뭐가 좋겠어요. 저는 딸보다 앞서서 인생을 살아왔고, 계속 딸보다 앞서 가고 싶어요. 제가 지금 이런 걸 딸에게 이야기하는 건 시간을 역행하는 거예요. 딸도 안심하지 못할 거고요. 딸이 이 사실을 알면 혼란스러워할 것 같아요. 딸은 엄마가 감정적으로도 성숙하고 현명하기를 기대하니까요. 엄마를 경험과 지혜로움을 갖춘 인생의 선배라고 생각했으면 좋겠어요. 제가 말을 하려고 하지 않는 또 다른 이유는 그 아이가 저에 관해 모든 걸 알고 싶어 하지는 않는다고 느꼈기 때문이에요. 저에게 뭔가를 자세히 물어보지 않거든요. 딸은 저를 여성이 아니라 엄마로 봐요. 저는 그것이 교류하는 데 더 좋다고 생각해요. 딸에게도 그렇고요. 저의 자리를 지키는 것, 이것이 제가 딸을 보살피는 방법이에요."

    이렇듯 여러 상황을 함께 헤쳐 나가는 엄마와 딸, 이들에겐 어떤 것이 필요할까?

## 엄마, 딸에게는 이런 게 필요해요

**사랑**

딸은 이렇게 말한다. "우리가 엄마에게 처음으로 바라는 것이 사랑이에요. 엄마가 우리를 사랑하지 않는다면 누가 우리를 사랑하겠어요?"

딸은 자신이 사랑받는지 어떻게 알 수 있을까? 엄마의 몸짓과 눈빛에서 '너는 내가 기다리던 딸이야. 내 맘에 쏙 드는 딸, 엄마는 네가 자랑스럽단다. 절대 변하지 않을 거야!'라는 표현을 느꼈을 때 자신이 사랑받는다는 것을 안다. 사랑을 표현하는 방법은 수없이 많다. 요즘에는 부모와 자녀들이 습관적으로 말로만 사랑한다고 하지만, 뜨거운 눈빛, 활짝 벌린 두 팔은 거짓말을 하지 않는다. 사랑은 삶을 충만하게 해 주는 도약이자 새로운 움직임이다. 엄마가 자신을 사랑하지 않을까 봐 걱정하는 딸은 자신이 사랑받고 있는지 확인하고 싶어 한다. 그래서 엄마에게서 사랑의 표현을 찾는다.

딸은 기쁨을 주는 존재가 되기 위해 어떠한 일도 마다하지 않는다. 자주 우울해지고 딸을 기계적으로 대하는 엄마에게서 자라는 딸은 대부분 엄마의 삶에 자극을 주기라도 하듯 지나치게 활달한 사람이 된다.

인간의 사랑은 완벽하지 않다. 사랑은 왔다가 가기도 하고, 누군가가 줬다가 가져가기도 한다. 사랑을 하면 이기적이 되기도 하고 꿈을 꾸기도 한다. 조금 사랑하기도 하지만, 많이 사랑하기도 하고, 전혀 사랑하지 않기도 한다. 어떤 상황에서도 딸을 사랑하는 마음을 놓지 않는 엄마에게서 자라면 그 딸은 행복하다. 이러한 딸은 사랑에 관해 의문을 갖기보다 믿을 수 있는지에만 관심을 갖는다. 일시적인 감정인지 굳건한 사랑인지에 주목하는 것이다.

잘못된 연료가 들어간 엔진처럼 퍽, 하고 꺼져 버리는 경우가 있더라도 엄마와 딸 관계는 좋을 수 있다. 일이 많아서 딸에게 무관심한 엄마, 딸보다 다른 사람을 더 사랑하는 엄마, 걱정거리가 많아서 딸은 뒷전으로 미뤄 두는 엄마, 딸의 결점을 마음에 들어 하지 않는 엄마, 여러 엄마가 있다. 예를 들면, 나딘(47세)은 딸의 단호함과 고집스러운 면, 게걸스럽게 먹는 식습관을 좋아하지 않았다. 그러나 어떤 때는 나딘도 모든 것을 잊고 자신만이 딸을 사랑할 수 있다는 듯 열정적으로 헌신한다. 필요하다면 그 어디에도 비할 데 없이 온 힘을 다해 딸을 사랑한다.

딸이 엄마는 자신에게 애정을 준다고 굳게 믿는다면 사랑에 조금 금이 가도 크게 문제가 되지 않는다. 오로르(20세)는 4년간 함께했던 남자 친구가 자신을 떠났을 때, 엄마가 한 말에 상처받았다고 했다. "엄마는 저를 안심시켜 주지 않았어요. 오히려 이렇게 말했지요. '잘 헤어졌어. 걔랑 헤어져서 네가 잃은 것보다 얻은 게 더 많아.'"

오로르는 괴로움이 채 가시지도 않았는데 잘되었다는 식으로 이야기하는 엄마가 이해되지 않았다. 그렇다고 해서 엄마와 맺는 관계에 심각한 문제가 생기지는 않았다. 오로르는 엄마가 자신을 깊이 사랑함을 알았다. 가끔은 엄마를 이해할 수 없지만 믿을 수 있다고 했다.

엄마는 어떤 일이 생겨도 열린 마음을 간직해야 한다. 이것이 모성애에 속하는 것이다. 물론 화나고, 실망하고, 불만이 생길 수 있다. 하지만 믿을 수 없을 만큼 쉽게 엄마는 다시 딸을 사랑할 수 있다. 어느 날, 흥분한 채 나를 찾아왔던 여성이 기억난다. 나는 도저히 그녀를 진정시킬 수 없었다. 그녀는 자신에게 안 좋은 내용이 들어간 책을 출판한 딸을 고소하고 싶다고 했다. 너무 안쓰러울 만큼 불안해했고 분노에 차 있었다. 사람들이 자신을 헐뜯는 것 같다고 느꼈고, 자신이 부당함의 희생자라고 느꼈다. 창피하기도 했다. 그녀는 딸에게 받은 걸 그대로 되돌려주고 싶다고 했다. 그러나 한 시간 후, 그녀는 평온을 되찾았다. 고소는 이제 문젯거리가 아니었다. 그녀는 이해심 있는 여성이었던 것이다. 생각을 해 보니 딸이 자신을 닮지 않고 '진정한 자신'을 찾고 싶어 할 수도 있겠다는 것을 알게 되었다. 그러려면 자신과 거리를 두면서 안 좋은 점도 객관적으로 봐야 한다는 것을 이해하게 되었다. 그녀는 다시 딸을 사랑하게 되었다.

　　모욕을 받아도 이렇게 쉽게 잊는 것은 엄마의 특징이다. 딸에게 크게 화를 내고 실망하던 엄마가 변하는 모습을 본 적이 있다. 그 엄마가 가진 문제는 몇 달이 지나도 사라지지 않았지만, 감정은 점점 희미해졌다. 사랑이 스스로 상처를 치유하듯, 엄마는 그때 딸과 어떤 말을 했는지 더는 기억하지 못했다. 사랑, 이것이 엄마와 딸을 절대로 끊을 수 없는 이유다.

**지표**

사람이라면 누구나 공동체 안에서 소속감을 느끼고 싶어 한다. 구성원이라는 느낌을 받기를 원하는 것이다. 가족들이 분명한 자리를 차지해야 딸에게 안정적이라는 이야기다.

'일곱 가족 카드 게임'*이 있다. 그 게임에는 할머니가 있고, 다음에는 엄마, 그다음에는 딸, 그리고 그다음에는 손녀가 있다. 이 순서가 바람직한 순서다. 이처럼 가족 안에서는 순서대로 각자 맡은 역할이 있다. 증조할머니는 가장 연로한 여성이며, 할머니는 연륜이 쌓인 연장자, 엄마는 엄마, 손녀는 자라는 역할이다. 그러나 어떤 가정에서는 모든 것이 뒤죽박죽이다. 할머니가 손녀처럼 행동하고, 엄마가 사춘기 소녀처럼 사랑에 빠지고, 손녀가 온 식구를 돌본다. 역할과 위치가 엉켰으며 딸은 자신의 위치가 어디인지 갈피를 잡지 못한다. 그러면 딸이 자기 삶을 살아가기란 불가능하다. 그 나이에 할 수 있는 고민들, 성적, 친구들, 좋아하는 연예인, 음악,

---

● 할아버지, 할머니, 아빠, 엄마, 딸, 아들 카드 여섯 장이 한 세트로, 총 일곱 개의 가족 카드를 합친 후, 각 가족별 카드를 모으는 게임이다. ― 역자 주

화장과 관련된 생각을 할 수 없는 것이다.

여기서 엄마는 딸을 위해 정보를 전달해 주는 중요한 역할을 한다. 가족 내 여성들의 인생사, 성격, 행보 등을 이야기해 주고 가족들 사이에서 이 여성들의 위치가 어떠한지를 알려 준다. 이 모든 상호 작용은 딸의 내면이 깊어질 수 있도록 해 준다. 엄마는 다른 여성 친척들에 빗대어 자신의 이야기를 내비친다. 어떤 여성이 바람직한 여성인지 엄마의 개인적인 의견을 전달한다. 딸은 엄마가 어떤 판단을 내리고, 어떤 상황에서 도움을 주고, 어떤 것을 보고 감탄하는지 살핀다. 엄마가 전달하는 것들은 딸에게 매우 중요하다.

엄마가 세상을 바라보는 시각도 딸에게 영향을 준다. 이전 세대의 엄마들은 여성이 생리를 하고 출산을 하며 고통을 겪는 게 당연한 존재라고 생각했다. 실제 출산하면서 죽을 위험을 감수해야 했으니 말이다. 그러나 지금은 다르다. 여성이 할 수 있는 것은 더욱 많아졌다. 카미유(35세)는 딸에게 이렇게 이야기한다. "생리통 때문에 힘들다고 아무 일도 안 할 거야? 이제 그런 시대는 지났어. 너는 뭐든 할 수 있어."

그러나 특별히 힘겨운 가족사를 겪은 엄마는 아무 말도

하지 않는다. 펠리시(34세)와 엄마 사이에는 블랙홀 같은 것이 있다. 펠리시는 폴란드에서 살았던 엄마의 과거를 거의 알지 못한다. 펠리시의 엄마는 모국에 관해 이야기하기를 싫어했다. 모국어로도 말하지 않았다. 펠리시의 자아에는 무엇인가 확신 없는 부분이 생기고 말았다. 마치 의자에 앉아 있긴 하지만 의자의 한쪽 다리가 미지의 늪에 박힌 듯했다. 불행하다기보다는 무엇인가 부족했고 불편했다. 엄마와 딸 사이에 벽이 생긴 것이다.

불편한 감정은 펠리시가 아이를 낳자 더욱 심해졌다. 펠리시도 딸에게 엄마 이야기를 해 주고 싶었다. 딸이 할머니 이야기를 통해서 자부심을 갖고 절제를 배우길 바랐다. 용감한 할머니, 생계를 꾸리기 위해 구부정하게 앉아 재봉틀을 돌리던 여성을 딸이 닮고 싶어 하기를 바랐다. 다리에서 마주치자마자 첫눈에 사랑에 빠진 할머니와 할아버지의 로맨틱한 사랑 이야기를 딸이 동경하기를 바랐다.

과묵한 엄마는 "이것은 내 인생이야!"라고 말하며 자신을 보호한다. 맞는 말이기는 하지만 엄마의 인생사는 딸의 인생사기도 하다. 딸은 자신의 정체성을 확립하기 위해 자신이 어디에서 왔는지 그 뿌리를 알아야 한다. 그래야 나중에 자신도 딸에게 가족의 이야기를 전할 수 있다. 혹시 직접 말하기 어렵다면 자매, 친구에게 대신 부탁할 수도 있다. 가족사가 매우 고통스럽게 여겨지는 경우, 엄마는 딸에게 가족의 역사를 말해 줄 수 없다. 그래서 딸을 신뢰해도 딸의 질문에 문을 닫아 버린다. 그렇지만 이 이야기가 딸에게 중요하다고 생각한다면 다른 문을 열어 놓을 수 있다. "이모에게 물어봐. 엄마는 나중에 이야기해 줄게. 아니면 편지로 써 줄게. 그게 더 쉽겠다."

엄마는 딸이 세상으로 나가도록 도와주기도 한다. 딸은 태어나자마자 엄마 품에서 편안함을 느끼고 보호받으며 살아왔다. 엄마는 조금씩 품에서 딸을 떠나보내며 가서 사람들을 만나고, 탐험도 해 보고, 멀리 가 보라고 격려한다. 힘들면 돌아와서 쉬라고 하면서 말이다. 그러나 이를 허락하지 않으며 새장 안에 딸을 고이 간직하는 엄마도 있다. 올리비아(37세)는 이 새장을 '황금 새장'이라고 불렀다.

"제게는 친구 집에 자러 간다거나, 여름 캠프를 갈 권리가 없었어요. 엄마는 아이를 잃은 적이 있어서 걱정을 정말 많이 했거든요! 제 어린 시절 친구는 한 명밖에 없어요. 바로 엄마지요. 지금도 일이 잘 안 풀리면 엄마에게 전화를 해요. 그런데 20세 때 문제가 있었어요. 저는 남자 친구와 여행을 가려고 노르 지방으로 떠난 적이 있어요. 엄마는 저를 아껴 주던 남자 친구의 어머니와, 제가 사랑하던 남자를 비난했어요! 저는 엄마와 제가 함께 살던 집으로 돌아올 수밖에 없었지요. 저는 아이를 갖고 싶어요. 하지만 엄마는 제가 엄마의 딸이며 친구이자, 동반자로 남기를 원하지요. 엄마는 손주랑 놀아 주기에는 너무 늙었다고 말하세요. 예전에는 할머니가 되기에는 젊어서 싫다고 했는데 말이에요."

또한 엄마는 아빠라는 존재로 이어지는 문이다. 엄마는 자신이 선택한 남자더라도 아빠는 나쁘다는 인식을 딸에게 심어 주면서 이 문을 닫아 버릴 수 있다. 반대로 활짝 열어 놓을 수도 있다. 소피(35세)의 엄마가 그랬던 것처럼 말이다. 소피는 엄마가 정말 현명하다고 했다. 소피가 아빠와 가까워질 수 있게 해 주었기 때문이다.

"저는 모두에게 사랑받았지만 아빠는 저에게 관심이 없었어요. 아빠 사전에 부성애란 없었지요. 엄마는 아빠에게 아무엇도 요구하지 않았지요. 단, 아빠에게 저를 안아 주라고 했고, 수요일과 일요일에는 집에 와서 점심을 먹으라고 했어요. 그 시간에는 아빠가 다른 아빠들처럼 저와 놀아 주도록 했지요. 엄마는 아빠에게 변하라거나 좀 더 노력해 보라고 하지 않았어요. 그저 자연스럽게 지냈지요. 또 제 교육에 관해서도 아빠에게 아무 말 하지 않았어요. 그러다 보니 아빠가 정말 제 아빠가 되어 있더라고요. 아빠와 친해진 데에는 엄마의 역할이 대단히 컸어요. 엄마는 정말 현명해요."

엄마는 딸에게 집안의 내력을 알려 주고 자신이 바라보는 대로 아빠에 관해 말해 준다. 그리고 세상을 보여 준다. 집안의 내력, 아빠, 우리가 사는 세상에 관한 것도 우리가 모르고 싶다고 해서 모르고 살 수 없는 것이다. 우리가 자신이라는 집을 지어 올리는 데 밑바탕이 되는 말뚝처럼 반드시 필요하다.

엄마의 성격도 딸에게 지표가 된다. 딸에게는 일관성 있는 존재, 기댈 수 있는 든든한 존재가 필요하다. 때로는 엄마답지만, 때로는 권위적이고 때로는 아이 같은 변덕스러운 엄마를 둔 딸은 불안정하다. 그래서 여성은 엄마의 역할과 딸의 역할이 다르다고 생각한다. 그리고 '엄마를 보살피고 보호하는 건' 딸의 역할이 아니라고 말한다.

각자는 분명한 위치에 있어야 한다. 병에 걸리거나 엄마가 사별을 하는 등 특수한 상황에서는 각자의 위치가 달라질 수도 있지만, 그래도 그 나름의 안정적인 상태를 유지해야 한다. 엄마가 딸이 정체성을 확립하는 데 필요한 굳건함과 평온함을 마련해 주려면 딸을 안심시키고 이끌어 주고 보호하는 등 자신의 능력을 발휘해야 한다. 엄마란 계속해서 기준을 세우고, 그 안에서 딸이 발전할 수 있도록 하는 사람이다.

세상에 태어난 작은 딸은 정말 아무것도 모른다. 어떻게 자고, 어떻게 먹고, 사람들과 어떻게 어울리고, 자기 자신을 어떻게 대해야 하는지 모든 것을 배워야 한다. 그래서 부모는 "이것은 되고, 저것은 안 돼."라면서 경계선을 그어 준다. 아이가 어릴수록 규칙은 더 명확해야 한다. 아이는 조금씩 미묘한 차이를 알아 간다. 어떤 날은 놀 수 있지만 다른 날은 안 된다. 누구는 믿을 수 있지만, 누구는 믿으면 안 된다. 이자벨은 여섯 살인 어린 딸에게 분명한 제한을 두려고 노력한다.

"아이가 밥 대신 아이스크림을 먹는 것은 절대 안 돼요.

그렇다고 제가 이런 걸 먹는 게 얼마나 즐거운지 모르지는 않아요. 그래서 가끔 밥 말고 다른 걸 저녁으로 먹어요. 마치 축제를 여는 것처럼요. 가끔은 확 풀어지는 거예요."

딸이 원하는 것을 어느 정도 받아들이면서도 고삐는 놓지 않는 것, 바람직한 지표를 세운 좋은 예다. 또한 엄마는 여성으로서 특별한 점도 가르쳐 준다. 자신의 몸을 존중해야 하며, 몸을 함부로 해서는 안 된다고 설명한다. 나이에 맞게 어떤 옷을 입고 어떻게 화장을 하면 사람들에게 예쁘게 보일 수 있는지 조언해 준다.

어떤 딸은 엄마가 가르쳐 준 대로 행동하지 않고 그 선을 넘는 경우도 있다. 그럴 경우 딸이 간혹 벽에 부딪치는 것도 괜찮다. "그렇게 말하면 안 돼. 그렇게 행동하면 안 돼."라는 식으로 말하는 강한 엄마를 둔 아이는 더욱 단단해진다. 카티는 19세 때 엄마에게 상처 주는 말을 했다가 맞았다. 카티는 아직도 그 일을 기억한다. "저를 일깨워 준 일이었어요. 무례하게 행동해서 선을 넘으면 안 된다는 것을 알게 되었어요."

문이 굳게 닫힌 것을 알면 딸은 안심한다. 들어가면 안 된다는 것을 이해했으며 다른 선택 사항이 없음을 배웠기 때문이다. 그러면 어느 쪽으로 가야 하는지 분명해진다. 어린이들을 보자. 금지 사항이 있어도 불행해하지는 않는다. 금지 사항들을 받아들이고 다른 길을 찾으려고 창의성을 발휘한다. '유리그릇을 가지고 놀 수 없으니 다른 걸 가지고 놀아야지.'라고 생각하는 것이다. 딸은 엄마에게 동의와 거절을 바란다. 거절도 딸을 이끌 수 있다.

딸과 대립하다 주저앉으면 안 된다. 한계를 시험하는 딸에게 굳건한 모습을 보여야 한다. 아이를 대하는 어른의 모습, 어린 여성을 대하는 성숙한 여성의 모습을 보여야 한다. 엄마가 강하지 않다면 딸은 방향을 잃는다. 나침반 없는 여행자가 되는 것이다. 그런 딸은 살면서 어떻게 행동하고, 사람들을 어떻게 대하고, 자기 자신을 어떻게 대해야 하는지 알지 못한다. 아이가 공주처럼 자라도 마찬가지다. 유치원 선생님인 알리스는 "부모님들은 아이에게 지나치게 잘해요. 아이에게 사랑받기를 원하지요. 그러나 아이들에게는 길잡이가 필요해요. 태어날 때부터 모든 것을 갖추고 태어나지 않고 성장하면서 변하기 때문이지요."라고 말한다.

앞을 내다보는 시각이 부족한 엄마도 있다. 앞으로 여성은 어떤 위치에 있을까? '딸이 임신하지는 않을까' 노심초사하며 딸 뒤를 따라다니던 엄마 이야기는 옛날이야기다. 현재 교육 목표는 스스로 바로 서고, 남들과도 잘 지내도록 하는 것이다. 이를 가르치는 방식은 엄마마다 모두 다를 것이다. 어떤 엄마는 "사람들한테 속지 말아라!"라고 하고, 다른 엄마는 "사람들이 너를 대해 주길 바라는 대로 너도 다른 사람들을 대해야 한다."라고 하면서 자신이 중시하는 가치를 강조한다. 아니면 이렇게 말하는 엄마도 있을 것이다. "너는 소중한 존재란다. 다른 아이가 너를 존중하지 않는데도 가만히 있으면 안 돼. 그렇게 되면 그 사람은 너를 보고 다른 여성도 다 그렇다고 생각할 거야. 사람들이 너를 보면서 다른 여성을 존중할 수 있도록 스스로를 존중하렴."

　모녀 관계의 장점은 살아가는 데 나름대로 규칙이 있고 앞으로 어떻게 살아갈지 계획도 가진 누군가가 나를 지지하고, 나와 동행한다는 느낌을 받는다는 데 있다. 조세핀(35세)은 식사 예절을 가르쳐 준 엄마에게 많이 고마워한다. 점심 식사에 고객들을 초대해도 겁이 나지 않기 때문이다. 조세핀은 엄마의 교육이 자신감을 심어 주었음을 안다. 엄마가 없는 딸은 자신에게 배를 조종하는 '키'가 없다고 느낀다. 이러한 딸은 어떻게 행동하고 반응해야 하는지 알지 못한다. 스스로 배워야 한다. 이처럼 엄마라는 존재 안에는 사랑해 주는 엄마, 가르쳐 주는 교육자가 있다. 그리고 한 명의 여성도 있다. 우리가 닮고 싶기도 그렇지 않기도 한 여성이 엄마 안에 있는 것이다.

**자립심**

딸에게는 사랑이 필요하지만, 이 사랑은 진화해야 한다. 딸의 인생 전반기에 엄마는 딸에게 모든 것을 준다. 엄마에게 모든 것을 의지한 아기는 엄마의 정성과 사랑을 바란다. 도널드 위니캇은 이를 두고 '일차적 모성 몰두'●라고 했다. 그러다가 엄마는 조금씩 자신의 삶을 되찾는다. 그러면 어린 딸은 자율적인 사람이 되는 법을 배운다. 엄마가 해 주었던 일들을 스스로 하기 시작한다. 딸은 스스로 침착해지는 법, 스스로

---

● 아기가 무엇이 필요한지 알아차리려고 아기에게 온전히 집중하는 어머니의 상태를 의미한다. ― 역자 주

위로하고 보호하는 법, 스스로 길잡이가 되는 법, 자신을 사랑하는 법을 배운다. 혼자 씻고, 혼자 옷 입고, 혼자 먹는 것에만 자립심이 필요한 것은 아니다. 심리적인 부분과 대인 관계에서도 자립심이 필요하다.

마농(24세)은 딸에게 엄마란 어떠한 존재인지를 한마디로 표현했다. 그녀는 엄마가 딸이라는 로켓을 받쳐 주는 '로켓 발사대'라고 말했다. 딸에게는 절제된 사랑이 필요하다. 자신의 관심사를 가지고 자신의 인생을 살아가며 딸을 사랑하는 엄마의 절제된 사랑 말이다. 엄마도 사랑을 하고, 친구를 만나며, 직업이 있고 여러 가지 활동을 한다면 딸은 엄마를 버렸다는 죄책감 없이 자신의 길을 나아갈 수 있다. 괜찮은 엄마는 딸에게 어느 정도 거리를 둬야 함을 잘 안다. 하지만 딸과 가깝다고 느끼거나, 혼자 딸을 키운 엄마는 딸에게 혼신을 다하며 예쁜 딸을 고이 품는다. 그렇듯 딸이 인생의 전부라면, 시간이 지나 자녀가 스스로 살아갈 때, 엄마는 가슴이 찢어지는 '빈 둥지 증후군'●을 경험한다.

---

● 자녀가 독립하여 집을 떠난 뒤에 부모 양육자가 경험하는 슬픔이다. ─ 역자 주

아델(56세)도 이를 잘 안다. 마음이 무겁고 숨이 막히지만 딸을 향한 사랑이 절제되어야 함을 안다. 아델은 딸이 타지에서 인생을 꾸릴 수 있도록 응원해 준다. "저는 딸에게 떠나라고 격려해요. 물론 저는 딸에게 헌신했지요. 숨 막혔을 수도 있을 거예요. 저는 딸을 사랑해요. 그래서 떠나고 싶어 하는 딸의 마음이 이해가 되더라고요. 이제는 저도 딸에게 너를 위해서라면 떠나도 좋다고 말할 수 있을 것 같아요. 어느 정도는 저를 위해서도요. 평생 계란을 낳기만 하는 엄마 닭으로 살 수는 없잖아요."

자립심은 자신을 알기 위해서도 필요하다. 삶의 목표는 세상에서 자기 본연의 모습에 잘 맞는 자리를 찾기 위해 자신의 윤곽선을 그려 가는 것이기 때문이다. 소크라테스도 "너 자신을 알라."라는 유명한 말을 남겼다. 어떻게 하면 사람들과, 자기 자신과 잘 지낼 수 있을까? 이 질문에 대답하려면 시간이 필요하다. 또한 엄마의 지원도 필요하다. 엄마는 딸의 첫사랑이기 때문이다.

어떤 엄마는 자녀가 자신을 닮기를 바라지만 다른 엄마는 딸이 나와 완전히 다른 사람이었으면 좋겠다고 한다. 카롤린(28세)은 13개월 된 딸이 다 큰 꼬마 아가씨처럼 행동해서 자라는 모습을 상상하는 것만으로도 즐겁다. "저는 제 딸이 벌써 다 컸다고 생각하는 것 같아 사랑스러워요. 딸이 하고 싶은 대로 하게 해 줄 거예요. 저는 딸을 응원할 거예요. 그리고 딸이 어떤 모습이든 그대로를 사랑할 거예요."

────────── **엘렌(35세)의 이야기** ──────────

엄마와 즐겁게 살아요

엄마와 저는 매일 전화해요. 많으면 하루에 세 번 정도까지요. 함께 여행을 다니고, 커플룩을 입고 만나기도 해요. 예를 들면 똑같이 청바지를 입고 같은 운동화를 신는 거지요. 저는 엄마를 사랑해요. 저희는 서로를 금방 이해해요. 엄마는 저를 위해 항상 그 자리에 있어요. 언제나 올바른 사람이에요. 저는 등이 자주 아픈데, 왜 이렇게 등이 아픈지 모르겠다고 엄마에게만 불평해요. 저에게 엄마는 통증과 스트레스를 흘려보내는 데 필요한 밸브 같은 사람이지요.

엄마와 이렇게 가까운 게 과연 정상인지, 혹시 그 때문에 제가 연애를 안정적으로 하지 못한 건 아닌지 궁금했던 적도 있어요. 그래서 심리 상담사를 찾아갔지요. 심리 상담사는 저희 엄마를 만나 보더니 정말 멋지다고 했어요. 엄마와 제 관계를 아름다운 관계라고 평가하더군요. 그렇다면 이 관계를 일부러 깰 필요가 있겠어요? 제가 제 짝을 만나지 못했던 것은 엄마와는 아무 상관이 없어요. 단지 좋은 사람을 만나지 못했던 것이고, 때가 맞지 않았던 것뿐이에요.

지금은 5개월째 연애를 하고 있어요. 엄마가 버려졌다고 느끼지는 않을까 걱정했는데, 괜한 걱정이었어요. 엄마는 아무 간섭도 하지 않고 대단히 기뻐했어요. 원래 제 사생활은 물어보지 않거든요. 엄마와 저는 건강하고 즐거운 관계를 이루었어요. 저는 엄마를 사랑해요. 엄마는 멋진 여성이지요. 엄마가 안 된다고 하는 것은 없어요. 모든 것을 허락하거든요.

그렇다면 엄마와 딸 관계에서 엄마에게 필요한 것은 과연 무엇일까? 흔히 딸 이야기는 많이 하지만, 엄마 이야기는 많이 다루지 않는다. 엄마는 필요한 것이 있어서는 안 되며,

태초부터 타고난 지식과 직감을 가졌다고 생각하는 듯하다. 직감은 오래전부터 인간 심리학 전문가들에게 논쟁거리가 되었다. 그러나 인간에게 선천적인 것은 10퍼센트 정도이며, 나머지 90퍼센트는 문화적인 것이라고 말하는 전문가도 있다. 즉, 엄마가 딸과 좋은 관계가 되려면 엄마에게도 무엇인가가 필요하다는 말이다.

## 엄마에게 필요한 것

### 좋은 사람들

모녀 관계에서 나타나는 모든 변화를 검토해 보면 엄마의 적응 능력에 감탄하게 된다. 엄마는 아기 엄마였다가, 성인이 된 딸의 엄마가 된다. 아기 엄마였을 때는 엄마가 모든 것의 중심이다. 어린 딸은 심리적으로 거의 일치할 존재를 필요로 한다. 그런 어린 딸에게 엄마는 애정이라는 이름의 산소를 주는 산소 공급원이 된다. 그러다가 딸이 성인이 되면 이제는 스스로의 삶을 살게 된 딸의 가까이에 머무른다.

딸이 유아일 때, 엄마는 사랑스러운 어린 딸에게 아낌없는 사랑을 받는다. 딸은 엄마를 닮고 싶어 한다. 어린 딸은 엄마에게 모든 것을 말하는 소녀가 되었다가, 갈피를 잡지 못하는 사춘기를 겪으며 엄마에게 걱정을 끼치고, 대들며, 속내를 털어놓지 않는다. 더 자라나 젊은 여성이 된 딸은 엄마에게 의심을 가득 품은 채, 직업을 구하고 연애를 하는 데 어려움을 겪기도 한다. 이러한 성장 과정을 상상해 보면, 딸이 엄마에게 지나치다고 말하는 게 너무하다고 생각될 때도 있다. 딸은 엄마가 지나치게 걱정하고, 지나치게 간섭하고, 지나치게 집착한다고 한다. 안 좋은 일뿐 아니라 좋은 일이 있어도 자기에게 일어난 일은 전혀 말하지 않고 불평만 한다. 그래도 엄마는 딸에 관해 아는 것 고작 몇 가지만을 가지고 엄마로서 할 수 있는 일을 한다. 우리가 집에 돌아가면 어린아이처럼 좋은 이유도 다 그래서다.

딸에게 모든 걸 다해 주는 엄마에게도 도움을 주고 지지를 해 주고, 조언해 줄 다른 사람들이 필요하다. 전문적인 도우미가 필요하고, 엄마로서 교류할 같은 위치의 친구들이 필요하다. 엄마에게 조언하고, 엄마와 교대할 엄마의 엄마도 필요하다. 중요한 동반자인 남편도 필요하다.

어떤 아빠는 엄마와 함께 가정교육을 하면서 훌륭한 동반자가 된다. 이런 아빠는 엄마와 딸이 분리될 수 있도록 돕는다. 엄마의 일을 덜어 주며, 그녀가 하던 일을 이어받는다. 균형을 잡고, 격려하며, 인간적인 분위기를 만들다가 엄하게 혼내기도 한다. 엄마와 결속해 한 팀을 이룬다. 그는 가정에서 엄마의 교육을 딸이 따르지 않을 때 개입한다. "엄마 말 들어야지, 그렇지?" 엄마가 지치면 아빠는 충분히 잘했다고 격려해 준다. "걱정하지 마, 내가 해 볼게." 그러므로 부모가 함께 있다는 것은 진정한 행운이다. 아빠는 딸을 바라보는 눈빛만으로도 지원군이 될 수 있다. 아빠가 감탄하는 시선으로 딸을 바라보면 엄마는 아기에게 자부심을 느낀다.

알리에트(43세)는 이렇게 말했다. "딸이 태어났을 때, 저는 '너무 못생겼다!'라고 말했어요. 쭈글쭈글하고 털북숭이였거든요. 그런데 애 아빠는 기뻐서 어쩔 줄 몰라 하더라고요. 이마도 예쁘고, 귀도 잘 붙어 있고, 코도 진짜 자그마하다고 그러는 거 있죠. 계속 보더니 딸이 진짜 예쁘게 생겼다고 말하더라고요. 그래서 저도 딸아이를 사랑하게 되었지요." 그녀의 고민거리는 확 날아가 버렸다. 산모들은 매우 예민하기 때문에 이런 것도 고민이 될 수 있다. 또 딸과 애정 어린 관계를 맺는 아빠가 있다. 그러면 엄마와 딸은 서로에게만 맹목적으로 헌신해야 하는 관계가 되지 않는다. 딸은 아빠에게서도 애정을 받기 때문에 엄마는 자신만 딸에게 모든 애정을 쏟아야 한다는 생각을 어느 정도 내려놓을 수 있다.

 엄마를 지지하고 격려하는 이, 책임이 무거울 때 교대해 주는 이, 즉 동반자, 부모님, 따뜻한 친구들이 옆에 있으면 좋다. 엄마의 부모님은 "네 딸에게는 네가 필요해."라고 말하며 필요할 때마다 엄마에게 기운을 북돋아 준다. 딸을 바라봐 주고, 딸을 기르는 엄마를 바라봐 주는 누군가가 곁에 있다는 것은 엄마와 딸 주변에 좋은 사람이 있다는 의미다. 이들은 엄마에 관해 어떤 판단을 내리거나 엄마가 제 역할을 잘하는지 평가하려고 곁에 있는 것이 아니다. 엄마들은 성격도, 재미있게 해 주는 방법도 각자 다르므로 엄마들의 방식에서 옳고 그름을 가릴 수 없기 때문이다. 이들이 엄마 곁에 있는 이유는 짐을 덜어 주고, 딸에게 필요한 따뜻한 관심을 끊임없이 줄 수 있도록 엄마를 도와주기 위해서다.

**자신감**

"엄마는 자신감이 있을 때, 자신을 최대한 발휘한다." 어디선가 들었던 이 문장은 오랫동안 나를 이끌어 주었다. 딸에게 길잡이가 되고, 말뚝이 되어 주며, 세상으로 난 문을 열어 주고, 사람을 사랑하게 하려면 엄마는 자신감이 있어야 한다. 우리는 엄마라는 존재가 딸의 마음속에서 항상 유일무이한 자리를 차지한다는 것을 잘 안다. 진정한 자기 자신이 되기 위해서는 자신감을 가져야 한다.

자유롭게 살고, 실수를 하더라도 죄책감을 느끼지 않으려면 자신감이 필요하다. 죄책감은 관계를 해친다. 엄마가 '나는 형편없어.'라고 생각한다면 딸에게 더는 관심을 줄 수 없다. 그러고는 잘못 행동하지 않을까, 나쁜 엄마가 되지 않을까 겁먹게 된다. 자신의 기세와 열의에 더는 맞춰 나갈 수 없고, 나는 왜 이럴까 자책하게 된다. 그러면 두 사람 모두 불안해지고, 엄마와 딸의 위치가 뒤바뀐다. 딸이 엄마를 안심시키고, 엄마의 엄마가 되는 것이다.

'엉덩이 체벌 금지!'라는 법을 받아들여야 한다는 것은 엄마도 잘 안다. 그러나 딸은 엄마가 하지 말라고 했던 거라도 재미있어 보이는 일이 있으면 곧바로 실행한다. 그래서 꽃병을 쓰러트리고, 결국에는 엉덩이를 맞는다. 자신감이 부족한 엄마는 자신이 아이 엉덩이를 때렸다며 지나치게 자책한다. 그러면 어린 딸은 이 상황을 도무지 이해하지 못한다. 딸은 자신이 혼날 행동을 했음을 안다. 자신감 있는 엄마는 때리면 안 된다고 생각하면서도 말로만 하는 훈계는 무의미하다고 여긴다. 이미 어린 딸은 이 꽃병이 할머니가 준 꽃병이며 엄마가 아꼈던 것임을 잘 알았기 때문이다. 엄마는 이번 일로 딸이 교훈을 얻었다고 생각한다. 살면서 하면 안 될 일을 했을 때는 대가를 치러야 한다는 것을 배운 것이다.

이네스는 본심과 반대로 행동할 때마다 딸과 관계가 어색해진다고 말했다. 그녀가 진정한 자신이기를 그만두었기 때문이다. 이네스는 딸이 집에 애인을 데려와 함께 노는 걸 허락하는 엄마가 많다는 것을 안다. 하지만 그녀는 불편했다. 그래서 딸 카린에게 말했다. "네가 애인을 집에 데리고 오지 않았으면 좋겠다. 앞으로는 그러지 마라."

이유를 말하지는 않았다. 그랬다가는 어색할 것 같았다. 더 말할 것은 없었다. 그렇지만 이네스가 애인을 데려오는 걸 허락했다고 가정해 보자. 그랬다면 다음 날 아침 식사를 할 때 카린은 자신을 피하는 엄마의 시선과 불편한 분위기를 분명히 감지할 것이다. 이네스는 다른 엄마처럼 행동해야 한다는 강박 때문에 본심을 드러내는 그 어떤 말도 꺼내지 않을 것이다. 결국 딸은 엄마가 자신이 애인을 사귀는 것을 싫어한다거나, 성장하는 걸 원하지 않는다고 잘못된 생각을 할 수도 있다.

자신감 있는 엄마는 "나는 이것은 좋지만, 저것은 싫다. 나는 원래 그래."라고 정확하게 진심을 말한다. 그러면 딸도 자신의 뜻을 주장할 수 있다. 진심이 담긴 말은 갈등을 막아 주지 않지만, 관계를 명확하게 해 준다. 진정성이 있어야 교류할 수 있다. 엄마가 하지도 않은 말들을 했다고 하거나, 거짓말을 했다고 하거나, 엄마 때문에 살얼음판을 걷는 기분이라고 불평하는 사람들이 많다. 하지만 엄마에게 진정성이 있다면 이런 불평을 막을 수 있다. 자신감은 이렇게 관계의 폭풍우를 되도록 차분히 건널 수 있게 해 준다.

### 도미니크(56세)의 이야기
## 위기 상황에서도 딸을 신뢰했어요

딸과 관계가 위기였을 때가 있었어요. 정말 끔찍했지요. 딸을 신뢰하지 않았다면 아직도 관계는 엉망진창이었을 거예요. 저는 우리가 이 정도로 심한 갈등을 겪을 거라고는 예상하지 못했어요. 옛날에는 딸이 사춘기가 되면 위기가 오겠거니 생각했지만 정작 그때는 그렇지 않았어요. 저희의 위기는 딸이 스물한 살 때 연애를 하면서 찾아왔어요. 딸은 한 남자를 떠나지 못했어요. 딸은 괴로워했고 모든 것을 포기한 채 저에게 그 심정을 털어놓았어요. 그리고 딸은 그 남자, 토마와 5년을 만난 후에 헤어졌어요. 저는 이 사건이 딸과 저의 사이까지 타격을 줄 거라고는 생각하지 못했어요. 저와 모든 것을 말하던 딸이 아무 말도 하지 않고 저와 교류를 끊어 버리더라고요.

의견이 맞지 않아 사소하게 다툰 적은 있지만 이 일은 그 정도가 아니었어요. 심각했어요. 그냥 이유 없이 저라는 사람 자체가 거부당한 것이니까요. 저는 예전과 같았지만 다른 모든 것은 다 변해 버렸어요. 딸은 저를 볼 때마다 짜증을 냈어요. 저를 무단 침입자처럼 취급했지요. 그렇다고 제가 딸을 피하면 딸은 저를 이기주의자에 냉정한 사람이라고 비난했어요. 딸은 제가 자신에게 관심이 없다고 했어요. 해결책이 없었지요. 불행했어요. 어느 장단에 맞춰 춤을 춰야 할지 더는 모르겠더군요. 딸은 저를 신뢰하지 않았고, 어떻게 지내는지 말하고 싶어 하지도 않았어요. 정말 심하다는 생각이 들었지요.

저희는 더 이상 가깝지 않았어요. 저는 딸에게 혼란스럽다고 설명하려 했지만, 딸은 모르는 척 행동했어요. 제가 하는 모든 말이 듣기 싫었던 거예요. 딸은 제가 별로 좋지 않다고 분명히 말했어요. 제 모든 것에 화가 나는 것 같았어요. 정말 잔인했지요. 저는 견딜 수 없어서 결국 그 애가 따로 사는 게 좋겠다고 간절히 바랐어요. 저 역시 이제 보고 싶지도, 말하고 싶지도 않았어요. 같은 방에 있기라도 하면 기분이 좋지 않았어요. 지금까지 함께했으니 이제는 떨어져 지내야 할 때라고 저 스스로에게 말하기도 했지요. 저희는 20년 넘게 함께 살았고, 그동안 가깝게 지냈지만 이제는 새로운 시기가 온 것이었어요. 그동안 함께했던 모든 일을 뒤로하고 새 시간이 필요했어요. 이제는 각자의 삶을 살아야 했어요.

저는 저희 사이에 있는 다리를 끊기로 했어요. 딸에게도 필요하다고 생각했지요. 딸이 아파트를 얻어서 나간 날, 모든 게 달라졌어요. 저는 제 삶을, 딸은 딸의 삶을 살게 되었어요. 저희 사이의 관계를 어떻게 재정립할지는 딸에게 결정하라고 했어요. 그런데 딸은 그 다리를 더 많이 오가더군요. 가구는 어떻게 배치해야 하는지, 커튼은 어떤 것을 선택해야 하는지, 샐러드 재료로 뭐가 있어야 하는지 물었고, 또 직장생활과 인간관계에 관해서도 저에게 조언을 구했어요. 그렇게 2년쯤 지나고 나서야, 저는 엄마의 역할을 되찾았다고 느꼈지요. 저를 향한 믿음, 저와 무언가를 공유하고 싶다는 바람, 다정함 등, 딸이 가져갔던 모든 게 순식간에 돌아왔어요. 딸은 자신의 인생에서 제가 중요하다고 생각하는 것 같았어요.

그때는 왜 우리 두 사람 사이에 균열이 생겼는지, 저는 변한 것이 없건만 왜 저와 딸 사이는 전과 다른 건지 도무지 이해할 수 없어서 끔찍했어요. 그렇지만 이 위기 상황에서도 저는 제 자신과 딸을 믿었어요. 저희가 예전 관계를 되찾고 또 대화의 끈을 되찾을 것이라고 확신했어요. 딸이 자신의 삶 속에 아름답고 특별한 자리를 제게 내어 줄 것이라고 굳게 믿었어요. 그 자리가 예전과는 다를지라도 말이에요.

지금은 제가 딸에게 소중한 존재라고 느껴요. 물론 딸에게는 연인이 있고, 형제들과 아빠도 있고, 딸이 친하게 지내는 친구들이 있지요. 그러나 딸에게 엄마는 단 한 명, 저밖에 없어요. 제가 딸과 함께 살았던 20년 넘는 세월에 믿음을 저버리지 않았던 건 잘한 일 같아요.

저는 딸을 절대 놓지 않을 거예요. 불화가 심해지거나 무슨 일이 생겨도, 딸이 변해도, 저는 딸을 위해 늘 그 자리에 있을 거예요. 딸을 이해하고, 딸이 저와 나누고 싶은 것이 있다면 나누기 위해 항상 노력할 거예요. 엄마에게 자식은 무조건적으로 유일한 관계를 맺는 존재예요. 친구, 형제, 자매, 행여나 동반자일지라도, 자신을 실망시키면 그 관계를 끊어 버릴 수 있지만, 저는 딸이 무엇을 하든 딸과의 관계를 절대 끊지 않을 거예요. 엄마와 자식의 관계가 아름다운 것도 다 그래서겠지요. 저는 제가 겪었던 이 위기를 잊지 않아요. 이 위기는 저를 변화시켰어요. 이제는 위기가 언제든지 올 수 있다는 것을 알지만, 저는 자신 있어요. 또 위기가 닥치더라도 저희의 관계는 끝나지 않을 거예요.

신뢰하는 엄마는 특유의 감, 육감을 발휘할 수 있다. 육감은 엄마의 마음속 가장 깊은 곳에서 온다. 소문을 신경 쓰지 않으며 사람들이 반드시 필요하다고 말하는 것에도 개의치 않는다. 엄마의 마음은 소중한 아이인 자신의 딸을 그 누구보다 잘 안다. 육감이 주는 강렬함은 놀라울 정도다.

안느(62세)는 자식을 품에만 두는 엄마가 아니다. 무척 바쁘게 지내며 딸과도 그렇게 가깝게 지내지 않는다. 500킬로미터 떨어진 거리에 사는 딸은 일이 많다. 안느와 딸은 서로를 매우 아끼지만 통화는 잘 하지 않는다. 두 사람은 공통점도 거의 없다. 그런데 어느 날 안느는 일어나자마자 불안감에 휩싸였다. 그래서 어쩔 줄 몰라 하며 딸의 전화번호를 눌렀다. 딸은 전화를 받지 않았다. 운전을 잘 못 하는 사람이 딸을 차로 치는 바람에 병원에 있었기 때문이다. 이처럼 엄마와 딸이 서로 구속하지 않는다 해도 둘 사이의 직감과 사랑은 없어지지 않는다.

자닌(60세)의 경우가 사랑에서 비롯된 것이다. 자닌의 딸은 입이 커서 콤플렉스다. 자닌은 딸이 안심할 수 있도록 "마음먹기 나름이야. 영혼이 아름다운 것이 중요하단다."라고 곁치레 말만 할 수도 있었을 것이다. 딸을 안심시키지 못할 것이지만 말이다. 하지만 자닌은 딸에게 잘 맞는 묘안을 냈다. 딸에게 도움이 될 방법이었다. 자닌은 신문 잡지의 인물란에서 아름다운 여성들 가운데 입이 큰 여성들의 사진을 모았다. "이것 보렴, 안젤리나 졸리, 베아트리스 달, 스칼렛 요한슨, 파니 아르당, 모두 입이 크단다. 얼마나 아름답니! 너처럼 아름다워!"

이 이야기를 듣고 "그런데 그게 효과가 있었나요?"라고 딸에게 물었더니, 크게 웃으면서 "아, 그럼요. 정말 도움이 되었어요!"라고 대답했다. 딸은 콤플렉스에서 벗어난 것이다.

## 02
### 서로 다른 존재임을 받아들이기

그녀를 더 행복하고 아름답게 해 줄 수 있는 것이
무엇인지 언젠가 찾게 되리라는 희망.
완벽하게 그녀 마음에 들기가 왜 불가능한지는 모르겠지만,
이를 가능하게 해 주고, 우리 사이의 오해를 씻어 줄 방법이
무엇인지 언젠가 찾게 되리라는 희망.
나는 이 희망을 절대 버리지 않을 것이다.

마리 카르디날 《그것을 말하기 위한 단어들 *Les mots pour le dire*》

행복한 엄마와 딸의 관계는 춤을 추는 것과 같다. 춤을 출 때는 발을 밟기도 한다. 상대를 비난하는 것은 내가 발을 밟혔을 때 "아! 아파!"라고 신음하는 것과 같다. 이는 어떤 스텝은 함께 배우고, 맞추고, 더 잘 표현해야 함을 의미한다. 엄마와 딸은 완벽한 관계가 아니다. 스텝을 잘못 밟을 수 있다. 그러나 두 사람은 대화를 하면서 일방통행로가 어디인지, 휴게소는 어디인지, 서로가 자유로워질 가속 차선은 어디인지를 정할 수 있다. 그러면서 어떤 문은 열고, 다른 문은 닫는다.

### 엄마, 저랑 좀 더 이야기해요

닌(58세)과 딸 발랑틴(27세)의 이야기다. 딸은 엄마에게 이렇게 말했다. 자신과 잘 통하지 않고, 무엇을 같이하지도 않으며, 대화도 하지 않는다고 말이다. 이렇듯 딸은 엄마의 약점을 파고든다. 하지만 닌은 굳건했다. 닌은 딸의 지적을 받아들였다. 그리고 진심으로 대답했다. "그래, 맞아. 엄마는 속내를 잘 드러내지 않아. 너도 알다시피 할아버지 할머니는 자신의 이야기를 많이 하지 않는 편이었어. 그때는 지금과 다른 시대였지. 사생활 이야기도 금기시되었단다. 그래서 엄마는 너 같은 생각은 들지 않았어."

닌은 깊이 생각하고 말을 이었다. "또 부모님을 존중한다는 마음도 있어. 엄마가 부모님과 사적인 관계를 맺었다면 어색하다는 느낌을 받았을 거야. 그래서 너도 어색할 것이라고 생각했지. 너에게 무관심했던 건 아니야! 그건 오해야."

닌은 다시 생각해 보기로 했다. 맞춰 가려면 시간이 걸리기 때문이다. 그리고 몇 주 후, 닌은 좀 더 나아갔다.

"저는 발랑틴을 바라보았어요. 자신의 삶을 살아가는 그 애를 보았지요. 행복해 보이더군요. 그거면 됐어요. 발랑틴은 누구를 사귈 때마다 집에 데리고 왔어요. 저희 집은 언제나 사람들을 환대했거든요. 저는 발랑틴이 자신의 삶을 사는 걸 막지 않아요. 그래서 그저 그 애의 삶에 관해 대화를 나누어야 한다는 생각이 들었어요. 딸이 그런 걸 원하는 것 같았어요. 요즘 저는 발랑틴의 말에 더욱 귀를 기울여요. 딸은 자신의 마음을 좀 더 털어놓았고요. 저는 더 개방적인 사람이 되었어요. 그래도 아직은 대부분 딸이 말문을 열어요. 저는 사생활 이야기가 그렇게 편하지 않거든요."

나이를 불문하고 딸은 엄마와 '진정한 만남'을 하고 개인적으로 교류하길 바란다. 닌과 발랑틴은 위치가 다르고 나이도 다르며 각자의 감정, 기분, 소망, 인생사가 있다. 그러나 둘 다 관계가 각별했으면 좋겠다고 희망한다. 이 두 사람은 대화하며 서로를 알아 가는 시간을 보낸다. 그리하여 아름다운 모녀 관계가 된다. 이처럼 관계를 회복하며 교류하는 과정은 모녀 관계에서 바람직한 일이다. 이를 통해 두 사람은 개인적인 느낌을 나누게 된다. 둘의 대화를 보면 어떤 문은 열리지만 어떤 문은 닫히며, 어떤 문은 문제가 생겼을 때 이 문제를 해결할 동안만 반쯤 열린다는 것을 잘 알 수 있다.

## 포기했어요. 지금은 엄마를 자주 만나지 않아요

어렵고, 복잡하고, 이상하며, 어떤 경우에는 해롭기까지 한 모녀 관계가 있다. 이렇게 뭔가 잘 안 풀린다면 왜 그런 걸까?

―――――――― **마들렌(42세)의 이야기** ――――――――

### 저와 엄마는 의무적인 관계였어요

저는 엄마의 부재로 괴로웠어요. 엄마가 없다는 말이 아니에요. 저는 엄마에게 딸이긴 했지만 한 명의 사람으로 대해지진 않았어요. 엄마의 대화 상대가 될 수 없었고 다가갈 수도 없었지요. 엄마는 저를 저만의 기분, 감정, 욕구가 있는 존재로 대하지 않았어요. 그래서 저희 관계는 남들에게 보여 주기식이었어요. 때로 약간은 거짓이었고요. 저는 엄마를 보면 힘들었어요. 엄마와 같이 있다 해도 전혀 기쁘지 않았고요. 저는 저희가 무엇 때문에 이런 건지 이해하지 못했어요. 이 관계의 책임이 저에게 있다고 믿었지요. 괴로웠어요.

엄마는 제게 진심 어린 말, 감동적인 말을 한 적이 한 번도 없어요. 서로의 감정이나 경험, 기분을 이야기한 적도 없지요. 저희는 있었던 일만 이야기해요. 엄마는 사적인 이야기는 전혀 하지 않아요. 만일 제가 사적인 이야기를 꺼내면, 대화를 다른 쪽으로 돌리면서 바닥에 얼룩이 생겼다거나 그와 비슷한 유의 이야기를 해요. 친구가 이러면 다른 친구를 만나면 되지만, 엄마는 단 한 사람이잖아요. 좋은 엄마라면 딸과의 관계가 괜찮은지 살펴보아야 할 거예요. 엄마와 저는 의무적이고 공허하며 텅 빈 관계, 살을 맞대지도 않는 형식적인 관계였어요.

엄마가 사랑을 줬다면 좋았을 거예요. 오직 저에게만 줄 수 있는 인간적인 경험들도 전해 줬다면 좋았겠지요. '너는 뭘 하고 싶니?', '오늘은 어떤 기분이니?', '요즘은 무슨 생각을 하니?'라고 물어보면서 저에게 관심을 가졌다면 행복했을 것 같아요. 하지만 엄마는 제가 뭘 하고 싶은지, 제 마음이 어떨지 전혀 궁금해하지 않았어요. 저는 엄마가 저를 신뢰하면서 관심을 가져 주기를 바랐지요. 엄마와 진심으로 말하고 행동하는 그 순간이 오기를 오랫동안 바랐지만, 그날은 오지 않았어요. 이런 말을 하기는 슬프지만 저는 엄마의 진정한 모습을 본 적이 한 번도 없어요.

마들렌이 말한 것처럼 우리가 엄마의 진정한 모습을 본 적이 없는 이유는 무엇일까? 무관심 때문일 수 있다. 엄마가 딸에게 눈길을 주지 않는 것은 많은 경우 무관심 때문이다. 잔느(78세)가 말하는 엄마는 무관심한 엄마와 비슷하다.

"저희 엄마가 수녀원 장상이었다면 아주 좋았을 거예요. 엄마에게는 절대적인 진리라는 것이 있었어요. 그래서 보편적인 원칙이 아니라 엄마의 원칙이 더 중요했어요. 독단적이고 단호했지요. 엄마는 자신과 비슷한 사람들만 인정했어요. 그래서 저는 가족의 미운 오리 새끼였어요. 그래도 엄마는 의무를 다했어요. 남에게 제 이야기를 할 때 '잔느는 원해서 가진 아이는 아니었어. 그렇다고 그 애를 제대로 기르지 않았다는 의미는 아니야.'라고 했어요. 엄마는 엄마보다 키가 크고 예쁘다고 저를 질투했어요. 연인을 만나 결혼하고 싶어 한다고 저를 원망했고요. 행복하게 지내고, 제가 스스로 인생을 선택하니 또 저를 원망했어요. 엄마가 돌아가셨을 때 저는 울지 않았어요. 오히려 마음이 안정되었어요. 엄마는 따뜻한 말도, 느낌도, 감정도 없는 차가운 돌 같았거든요."

그 시절 딸은 이렇게 벽에 부딪쳤다. 그러나 오늘날은 엄마가 자신을 피하려 하고 자신에게 관심을 갖지 않아서 괴로워한다. 이러한 엄마는 엄마가 가져야 할 책임감이 얼마나 무거운지 잊고 있다. 그저 이런 관계를 홀가분하다고 생각할지 모르지만 딸은 그 말에 동의하지 않을 것이다. 그런 엄마의 눈에는 키워야 할 어린 딸이 있다는 것이 그렇게 중요한 일이 아니다. 이기적으로 살아갈 뿐이다.

### 엄마는 저한테 관심이 없는 것 같아요

자드(32세)의 엄마는 나쁜 사람은 아니었다. 냉정하지도 않았다. 단지 관심이 다른 데 있는 철없는 엄마일 뿐이었다. 그녀에게는 딸이 있었다. 그리고 항상 새로 나오는 아름다운 원피스와 모피 코트도 있었다. 딸을 자신이 기르나 다른 사람이 기르나 뭐가 다를까? 자드의 엄마는 자신의 친구들이나 언니나 엄마한테 자드를 맡겼다. 딸은 그녀의 인생에서 중요하지 않았다. 그녀는 딸이 슬퍼 보여도 아무렇지 않았다. 에스컬레이터 밑에서 잘 가라고 흔드는 자그마한 손을 보고도 별다른 감정을 느끼지 못했다. 머릿속으로 약속 장소에 갈 것만 생각했기 때문이다. 그녀에게 딸이 최우선이었던 적은 한 번도 없었다. 딸이 어떤 기분인지, 딸이 왜 괴로워하는지 전혀 생각해 본 적 없었다. 엄마는 딸을 걱정하지 않고 자기 인생을 살아갔다.

자신의 삶에 몰두하는 엄마는 사랑받지 못한 딸의 괴로움을 상상할 수 없다. 클로드(36세)는 그러한 괴로움을 말한다.

"저는 항상 울었어요. 풀이 무섭고, 파리가 무섭고, 샤워기도 무서웠지요. 더는 다른 생각을 못 하고 무서움 말고는 다른 감정도 못 느꼈어요. 저의 자리가 어디에도 없어서 괴롭고 슬펐지요. 엄마는 제 말을 듣지도 않았어요. 제 존재를 부정당하는 거 같았어요. 저는 엄마 품에 안겨 본 기억이 없어요. 엄마는 항상 화가 나 있었고, 저를 비난했어요. 저는 억지로 학교에 갔어요. 거기서 온갖 말썽은 다 피웠어요. 위험한 일은 다했지요. 무릎이 찢어지기도 했고, 팔이 부러지기도 했어요. 우울했어요. 저는 사람들이 저를 좋아해 주기를 바랐고, 제가 소중하다고 말해 주기를 바랐어요. 중학교 두 곳과 고등학교 한 곳에서 퇴학을 당했어요. 폭력으로는 누구도 자신을 발견할 수 없지요. 그러나 그때 당시에는 그걸 몰랐어요. 다만 누군가가 멈춰 주기만을 바랐어요. 사랑받지 못한 기억은 아직까지도 저에게 영향을 줘요. 공허함이 갑자기 저를 침범해요. 저는 사랑스럽지 않고, 사랑받을 만한 능력도 없고, 좋은 사람이 아니기 때문에 사랑을 받지 못했다고 생각해요. 그래서 죄책감이 들었어요. '내 행동은 잘못되었어. 나는 무능력하고, 사랑스럽지 않아. 아무도 나를 사랑하지 않는 것이 당연해. 엄마조차도 나를 사랑하지 않는걸.' 이런 생각이 들었어요. 견디기 힘들면 불안해지겠지만 저는 그 정도는 아니었어요. 그저 제 안의 무엇인가가 텅 비어 버린 것 같았어요. 설명하기 어려운 느낌이 들어요. 빈 공간이 생긴 것 같았어요. 가득 채워지지 못하고 중요한 것이 빠진 것 같았어요. 사랑받지 못했다는 게 뼈저리게 느껴졌어요. 제 몸속에서, 제 배 속에서요."

엄마는 딸이 다치고 잘못되는 것을 보면 가슴이 찢어진다. 딸의 문제를 자신의 문제로 생각하고 딸이 힘들어하기 전부터 딸에게 도움이 될 조언을 찾는다. 전문가를 찾아가거나 답을 찾을 때까지 이 문제를 이야기한다. 그러나 무관심한 엄마는 걱정하지 않는다. 딸을 누군가에게 맡기거나 클로드가 겪었던 것처럼 그냥 학교로 보낸다.

이전의 무관심한 엄마는 딸을 바로잡기 어렵다고 생각해 딸의 문제를 회피하는 경우가 많았다. 오늘날 무관심한 엄마는 자신의 사생활에만 관심을 둔다. 자신이 중압감을 느끼는 까다로운 일을 처리하거나, 생활비 걱정, 자신이나 지인의 건강을 신경 쓴다. 아니면 취미 생활에 빠진다. 엄마는 자신의 고민이나 행복으로 지은 자신만의 공간 안에 있는 것이다. 엄마의 무관심이 일시적이고, 그전에 엄마와 딸의 관계가 충분히 좋았다면, 관계를 되돌릴 수 있다. 그러나 무관심이 지나치게 자기중심적인 엄마의 성격 때문이라면 변화의 기회는 거의 없다.

딸에게 관심이 없던 자기중심적인 엄마가 갑자기 성격을 확 바꾸어 딸에게 관심을 가지는 엄마가 되기는 힘들다. 자드는 이 세상에 자기중심적인 사람이 많으며, 그들은 다른 사람들이 상상하기 어려울 정도로 자기 위주로 생각한다고 느꼈다. 아기는 자신의 삶에서 엄마를 가장 중요한 존재로 생각한다. 그러나 엄마가 자기중심적인 사람일 때, 아기는 엄마에게 자신이 아무것도 아니라고 느껴 괴로워한다. 자기중심주의는 바로 이럴 때 문제가 된다. 딸은 차가운 돌 같은 엄마와 마주해도 체념하고 받아들인다. 사랑이 무엇인지 알지 못하기 때문이다. 그리고 자기중심적인 엄마는 계속 그렇게 살아간다.

뤼시(28세)는 엄마 때문에 오랫동안 괴로워했다. 그래도 엄마는 뤼시에게 가끔씩 잘해 주기도 하고 관심을 가졌다.

"엄마는 때때로 소꿉놀이, 인형 놀이를 하고 싶어 했어요. 저에게 관심을 주고 선물을 줬지요. 엄마는 사랑스러웠어요. 그러다가 저를 놓아 버렸지요. 그러면 저는 무슨 일이 일어났는지 이해하지 못했어요. 제가 엄마를 화나게 하는 나쁜 말이나 안 좋은 행동을 했다고 생각했어요. 이해해 보려고 생각을 거듭했지요. 학교에서는 공부에 집중할 수도 없었어요. 엄마가 저를 완전히 버릴 수도 있다는 생각이 들어 겁도 났어요. 엄마는 이전에도 며칠씩 사라졌다가 나타났거든요. 저는 엄마와 눈빛을 나누고, 마음을 주고받길 바랐지만 엄마는 누군가에게 메시지를 보냈고, 전화를 했어요. 엄마는 어른이니까 아주 중요한 일이 있을 거라고 생각했어요. 알고 보니 친구들과 연락한 것인데 말이에요. 성인이 된 요즘도 저는 가끔 엄마가 잘해 줄 때면 저희가 진정한 엄마와 딸이 될 수 있지 않을까 하는 희망을 가져요. 여전히 실망스럽긴 하지만요."

　　연인 관계에서도 자기중심적인 사람이 있다. 이런 사람은 매력을 잔뜩 보여 주고는 홀연히 떠나가 버린다. 상대는 떠난 이에게 의문을 갖는다. 왜 갑자기 사랑이 변했는지 이해하지 못한다. 또한 이 사랑이 함께 시간을 보내며 공들여 쌓은 사랑이 아니라, 한순간 나비의 달콤한 날갯짓에서 시작된 관계였음도 이해하지 못한다. 이 나비는 다른 사람의 품 안에서 또다시 날갯짓을 할 것이다. 한쪽은 이 관계를 중요하게 생각하고 깊이 사랑하며 헌신하지만, 다른 쪽은 그 사람과 맺은 관계를 가볍게 여기고, 무책임하고, 철없이 매력을 발산한다. 엄마에게 사랑을 보내는 딸과, 제 역할에서 벗어나려는 엄마 사이에서도 이 같은 차이가 존재한다. 엄마는 딸을 사랑하는 것이 자신의 일이라고 느끼지 않는다. 패러글라이딩을 하며 멀리서 풍경을 감상하듯 딸과 거리를 둔다.

　　어떤 딸은 엄마의 사랑을 차지하려고 온갖 고통을 감수한다. 그러나 엄마의 사랑은 차지할 수 있는 대상이 아니다. 엄마의 사랑은 있다가도 없는 것이다. 아델(33세)의 엄마는 엄마의 역할을 하지 않았다. 아델은 그래도 엄마를 사랑했다.

그래서 엄마에게 했던 노력을 이야기해 주었다.

"저는 모든 수단을 동원해 엄마의 사랑을 받고 싶었어요. 엄마가 저를 자랑스러워하도록 항상 1등만 했어요. 엄마처럼 의사가 되었고요. 그러나 저와 엄마는 서로 다투다가 결국 지쳤지요. 그동안의 노력이 소용없었던 거예요! 저는 서른 살쯤 상담을 받고 나서야 엄마가 저를 전혀 사랑하지 않았고, 앞으로도 사랑하지 않을 거라는 사실을 받아들였어요. 저는 가끔씩만 엄마에게 전화를 해요. 엄마를 만나는 것도 1년에 한 번 정도고, 집안에 무슨 일이 있을 때만 봐요. 예를 들면 집을 매매하려고 공증인을 찾아간다든가 할 때요."

충분히 사랑받지 못한 딸에게 엄마와 화해하라거나 앞으로도 받지 못할 엄마의 사랑을 기다리라고 하는 것은 도움이 되지 못한다. 그런 딸에게는 다른 사람과 만날 기회가 필요하다. 그녀에게 부족한 사랑을 채워 줄 만남 말이다. 아델은 이렇게 말을 이어 갔다. "저는 연애를 여러 번 해 봤어요. 그만큼 사랑을 알 수 있는 기회가 있었던 거지요. 정말 행운이라고 생각해요."

만남은 항상 존재한다. 이모나 고모, 여자 선생님, 시어머니, 이웃집에 사는 여성들에게서 따뜻한 애정을 받을 수도 있다. 사랑을 받지 못한 것은 자신에게 문제가 있기 때문이라고 자책하는 마음을 버리고 앞으로 나아가는 데 수많은 만남이 필요한 것은 아니다. 딸이 단 한 사람이라도 애정을 주는 사람을 만난다면 그것으로 충분하다.

---

### 세실(42세)의 이야기

힘들지만은 않았어요, 좋은 일도 있었으니까요!

살면서 그분을 열 번 정도밖에 만나지 않았지만, 그 만남은 제 인생에서 결정적이었어요. 그분은 다정하고, 세심했지요. 저와 대화를 나눌 때는 저를 한 명의 사람이자 곧 어른이 될 여성으로 대했어요. 엄마는 저와 눈을 마주한 적도 없어요. 저는 엄마를 사랑했지만 엄마가 무섭기도 했어요. 그리고 점점 더 우울해졌고, 멍해졌고, 불행해졌고, 마음을 잡지 못했어요. 그러다 누군가가 저에게 관심을 주는 걸 느꼈어요. 같은 동네에 사는 오데트였어요. 오데트와 저는 대화를 나눴어요.

오데트는 "참 좋다!"라는 말을 많이 했어요. 저는 이렇게 열린 마음으로 삶을 즐기는 사람이 있을 줄은 상상도 못 했어요. 오데트에게는 무슨 말이든 할 수 있었어요. 저는 그녀를 신뢰했어요. 저는 열 살밖에 안 되어서 모르는 것도 많고 늘 혼자였거든요. 엄마는 저에게 어떤 이야기도 하지 않았어요. 오데트도 그것을 알았어요. 저에게 처음으로 생리에 관한 이야기를 해 준 사람은 오데트였어요. "생리는 우리 몸과 한 멋진 약속이야, 알겠지? 네가 아주 건강하고, 또 아기를 가질 수 있다는 의미란다."

엄마는 제 성적표에 사인을 할 때도 수표에 사인을 하듯 무심하게, 기계적으로 했어요. 그런데 오데트는 제 성적표를 열어 보고는 비명을 질렀어요. "어머나, 세상에. 이게 뭐니! 성적이 왜 이래? 네가 오늘 놀면 그게 네 미래가 되는 거 알지?"

전혀요. 저는 그렇게 생각한 적 없었어요. 제 자신에 관해, 제 의무와 인생에 관해 말해 준 사람이 없었거든요. 오데트는 자신의 두 아이와 저를 욕조에 집어넣고 비누칠을 해서 씻겨 주었어요. 자신의 영역인 침대를 저에게 내주었고, 제가 거기서 낮잠을 잘 때도 말을 걸어 주었지요. 오데트의 이야기를 들으면 저는 살아 있고, 제 몸이 사랑스럽게 느껴졌어요. 오데트는 제 피부가 하얗고 예쁘다고 했지요.

저는 우리 모녀에게 문제가 생긴 건 저 때문이 아니라는 걸 깨달았어요. 문제는 제가 아니라 엄마였지요. 오데트와 있으면 진정한 대화를 나눌 수 있었어요. 저 스스로도 무엇이든 물어봐도 되는 진짜 아이처럼 느껴졌지요. 모든 여자가 다 엄마 같지 않다는 것, 저도 누군가에게 사랑받을 수 있다는 것, 사람이 화장으로 겉모습만 꾸미면 되는 존재가 아니라는 것도 알게 되었지요. 여성으로서 자신의 몸과 감성을 사랑하고, 아기의 엄마가 되는 일을 상상하면서 설레게 되었어요.

근데 저는 오데트를 많이 만나지 못했어요. 오데트와 저는 정말 잘 통했기 때문에 오데트의 딸이 싫어했거든요. 엄마도 오데트를 좋아하지 않았고요. 엄마는 오데트가 못생겼고 상식도 없다고 했어요. 그래도 오데트를 만나서 제 삶은 구원받았어요. 언젠가 저도 제 딸에게 오데트가 되어 줄 거예요.

저는 사랑을 하고 싶어요. 삶을 사랑하고, 아이들도 갖고 싶어요. 딸이 태어나면 저도 오데트 같은 엄마가 되어서 아이들에게 '참 좋다!'라고 말할 거예요. 저는 그녀를 절대 잊지 못할 거예요. 그녀 덕분에 저는 어린 시절이 힘들지만은 않았어요. 좋은 일도 있었으니까요!

## 칭찬해 주세요

사람들에게 빛을 비춰 주는 만남은 언제나 일어난다. 딸은 이런 만남을 통해 엄마에게 얻은 상처를 치유받을 수 있다. 아빠, 언니, 이모, 고모, 친구는 어린아이의 마음을 달래며 아이의 삶을 구한다. 나는 가끔 개인적으로 친분이 없는 유명한 이들에게서 삶의 의미를 찾는다는 사람들을 보면 놀랍다. 우리는 진심으로 교류하는 지인과 함께하며 자신의 삶뿐만 아니라 상대의 삶도 구할 수 있기 때문이다. 엄마와 딸 사이에 나타나는 교류도 마찬가지다. 엄마와 딸은 서로 위치가 다르므로, 잘 통하는 친구 사이는 아니다.

오데트는 자신이 대화하는 사람이 미래에 여성이 될 어린아이임을 잊지 않았다. 세실도 엄마는 물론 다른 여성에게는 묻지 못했을 사적인 질문을 오데트에게 던졌다. 세실은 이 관계를 신뢰했고, 점차 자기 자신이 될 수 있었다. 세실에게는 오데트가 자신을 꾸짖지도, 판단하지도 않을 거라는 믿음이 있었던 것이다.

'진정한 만남'은 두 사람이 함께 만드는 창조물이다. 전에도 없었고 앞으로도 없을 순간의 열매인 것이다. 우리는 이 만남을 나중에 회상할 수 있다. 엄마와 딸 사이에 '진정한 만남'이 생기면 모든 만남이 특별해진다. 이것은 일상에서 사람을 만나는 것과는 다르다.

엄마와 딸이 진정한 만남을 자주 가지려면 어떻게 해야 할까. 엄마는 딸에게 시간을 내고, 관심을 기울이며, 딸과 대화해야 한다. 딸을 위한 말, 애정, 놀이, 표정과 몸짓을 생각해야 하고, 특별히 딸에게만 해당되는 것, 서로에게 잘 맞는 일, 다른 누구와도 할 수 없는 교류 방법을 고민해야 한다. 함께하는 동안 딸을 배려하며 딸이 중심이 되는 시간을 보내는 것이다. 엄마와 딸은 단둘이 통하는 이 분위기를 사랑한다. 그 속에서 서로 바라보고, 대화하고, 같은 일을 하면서 기뻐한다. 좋은 관계란 바로 이런 관계다.

세실은 고작 열 살이었지만, 오데트와 함께 삶, 사랑, 여성의 성장을 주제로 끝없는 대화를 나눴고 행복을 느꼈다. 다른 엄마와 딸도 이러한 좋은 관계가 될 수 있다. 그러기 위해서는 테니스를 치거나, 자전거를 타거나, 소풍을 가거나, 게임을 하거나, 읽었던 책을 공유하며 함께 시간을 보내야 한다. 사랑은 무언가를 같이하는 와중에 자라난다. 어떤 활동이 좋을지는 차차 찾아가면 된다.

딸이 어릴 때는 모녀가 행복해지는 방법을 찾는 일은 엄마의 몫이다. 엄마를 따르는 딸은 엄마와 진정한 관계를 맺고 싶어 한다. 다만 그 관계를 어떻게 맺어야 하는지 모르기 때문에 딸은 엄마와 갈등이 생기거나 그럴 조짐이 보이더라도 이를 친해지는 데 필요한 것이라고 여길 수 있다. 엄마와 딸이 행복한 관계를 맺으려면 어떻게 해야 할까. 이 방법을 찾는 것도 엄마에게 달렸다. 엄마는 이 방법을 찾기 위해 딸에게 관심을 가져야 한다.

딸은 무엇을 좋아할까? 무엇을 할 때 활기찰까? 언제 기분이 좋을까? 자신감이 생길 때는 언제일까? 언제 자신이 사랑스러울까? 자신감을 갖고 싶고, 자신과 다른 사람들에게 좋은 사람이 되고 싶다는 마음은 인간이 가진 기본적인 욕구다. 딸이 이러한 욕구를 충족시킬 수 있도록 딸에게만 있는 특별함을 알아보는 것. 이것이 행복한 관계를 맺기 위해 엄마가 할 수 있는 방법 아닐까?

오드(38세)의 딸은 자폐증이 있었다. 모두가 오드의 딸은 장애가 있다고 했지만 오드는 딸에게 칭찬을 아끼지 않았다. "제 딸은 정말 놀라운 아이예요. 자기가 태어난 날은 화요일이고, 2019년 자기 생일은 금요일이라는 것과 작년에 조랑말을 탔던 날은 목요일이라는 것을 정확하게 말할 수 있어요. 저희 아이는 천재예요." 사람들은 대부분 요일을 잘 기억한다고 해서 장점이라고 생각하지 않는다. 그러나 오드는 엄마로서 딸 안에 둥지를 튼 이 '보물'을 찾아내고 그 독특함을 발견해 칭찬하며 사랑을 주었다.

엄마와 딸이 행복해지는 또 다른 방법은 상대의 즐거움을 공유하는 것이다. 이자벨(40세)은 여섯 살인 딸 일리안과 함께하는 일을 이렇게 설명한다. "일리안이 어렸을 때 저희는 모차르트의 음악을 들었어요. 지금 딸은 로리, 로란이 부르는 노래랑 영화 '겨울왕국'과 '미라클 벨리에'에서 나오는 주제곡을 좋아해요. 처음에는 별로였어요. 그러나 계속 듣다 보니 이 노래들도 꽤 좋더라고요. 함께 음악을 들으면서 저희는 서로를 더욱 사랑하게 되었답니다."

 엄마는 딸과 맺는 관계에 자신만의 색을 입힌다. 엄마는 이 관계의 선생님이자 안내자다. 그러나 무관심한 엄마는 딸과 특별한 관계를 맺고 싶어 하지 않기 때문에 비극적이다. 무관심한 엄마는 딸과 무엇을 같이하는 데에 흥미가 없다. 모든 것이 고역이고, 자꾸 다른 것에 관심이 간다. 이런 엄마 중에는 엄마의 의무만 다하는 사람도 있다. 그나마 낫다. 그렇지만 딸을 엄마로서 걱정하지 않은 채 그냥 자신이 해야 하는 일만 한다. 딸을 다른 여자아이를 대할 때와 똑같이 돌본다. 이런 엄마를 둔 딸은 엄마를 내면이 텅 빈 '기계적이고, 조금은 거짓인' 여성이라고 표현한다.

 헌신적으로 딸이 청결한지 신경 쓰고, 딸에게 도움을 주는 엄마가 있다. 엄마의 역할을 해 나가는 것이다. 그러나 엄마와 딸 사이에 깊고 사적인 교류는 전혀 찾아볼 수 없다. 엄마는 그저 듣기 좋은 말을 하고, 전형적인 행동을 하는 기술을 익힌 것뿐이다. 엄마는 모범 답안에 맞춰서 말하고 행동하므로 딸은 엄마가 자신을 감정과 생각이 있는 사람으로 인정한다고 느끼지 못한다. 이럴 때 딸은 분명히 말한다. "엄마, 틀렸어요!"

아델(20세)은 17세부터 여드름이 나서 힘들어했다. 아델은 자신이 못생겨졌다고 느꼈지만 엄마는 이렇게 말했다. "남자를 만나면 나아질 거다!" 아델은 엄마의 말을 듣고 울부짖고 싶었다. "엄마는 땅 속으로 들어가 버리고 싶은 내 마음을 모르지? 남자라니! 난 아무도 안 만나고 평생 방에 처박혀 있고 싶다고!"

아들린(38세)은 병원에서 자신이 아이를 가질 수 없다는 말을 들었다. 그래서 엄마에게 전화를 걸었다. 엄마는 그녀에게 "아이 없이도 얼마든지 잘 살 수 있어."라고 대답했다. 아들린은 나중에 그 말을 들었을 때의 기분을 이렇게 말했다. "엄마를 다시는 보고 싶지 않았어요!" 엄마는 딸이 얼마나 상처 입었는지, 얼마나 절망적인지 모르는 것일까? 아들린은 엄마에게 어디서나 찾을 수 있는 말이나 인사치레로 하는 말을 듣길 원해서 전화한 것은 아니었다. 끝없는 고통과 좌절을 느꼈던 자신의 마음을 좀 더 분출하게 해 주고 이해해 주길 기대했던 것이다.

### 시간이 지나면 엄마가 더 괜찮아질까요?

앞으로 아이를 낳을 사람들에게도 지금 부모들처럼 아이를 걱정해야 할 의무가 있다. 아이의 건강과 학업, 안전을 보살펴야 한다. 언제까지 그래야 할까? 최소한 아이가 성년이 될 때까지는 그래야 한다. 그렇다면 아이와 엄마의 관계는 어떠해야 할까? 아이를 엄마 마음대로 하려고 하거나 불편하게 중압감을 주고, 학대하고, 비난하고, 포기해 버리는 엄마라면 비난받아도 어쩔 수 없다. 엄마와 딸의 관계에 관한 책임은 엄마에게 있기 때문이다.

오늘날은 상황이 순조롭지 않으면 의사와 심리 상담사의 의견을 구하는 엄마들이 있다. 딸과 함께 심리 상담사에게 가족 상담을 받는 것이다. 이 행동은 모성에서 나온 것이다. 엄마가 딸의 고통을 인지하고 잘못된 것을 찾아내어 부끄러움을 무릅쓰고 상담사 앞에서 비밀을 털어놓기 위해서는 용기가 필요하기 때문이다. 산후 우울증으로 고생하는 젊은 엄마들이 아기에게 진정한 사랑을 느끼지 못한다고 생각해 의사나 상담사를 찾아가는 일은 그래서 더 눈여겨볼 만하다.

엄마가 아이를 사랑하지 않고 딸이 기대하는 인간적인

관계를 맺지 않는다고, 딸과 진심으로 마음을 주고받지 않는다고 이 엄마를 비난할 수 있을까? 그렇지 않다. 어떤 엄마는 이 말이 무슨 의미인지도 모를 것이다. 아직 자기 자신을 만나지 못한 엄마가 어떻게 진심으로 딸을 대할 수 있겠는가? 이런 엄마에게 딸과 소통하는 건 몇 시인지, 오늘은 어떤 일이 있었는지 같은 객관적인 사실을 이야기하는 것을 의미한다. 이 엄마에게 '딸에게 해 주는 것'이란 맛있는 식사를 준비하고, 손주를 돌봐 주러 가고, 쓸모 있는 선물을 해 주는 것을 뜻한다. 엄마는 영혼 없이 인생을 살아가고, 관계를 이어 간다. 딸이 원하는 게 아닐지라도 엄마는 자신이 줄 수 있는 것을 주는 것이다. 세실은 이렇게 말한다.

"사람들은 저한테 저희 엄마가 엄마만의 방식으로 저를 사랑하는 거라고 말해요. 제발 그런 말은 그만했으면 좋겠어요. 무화과나무에서 사과가 열리기를 바라는 거나 마찬가지라는 걸 알지만, 엄마가 제가 원하는 대로 저를 사랑해 주었으면 좋겠어요."

이런 엄마라도 딸에게 문제가 생긴 게 보이면 딸을 도와줄 의무가 있다. 딸의 심리 상태가 좋지 않으면 딸과 함께 상담사를 찾아가 봐야 하는 것이다. 이러한 일은 언제든 생길 수 있다. 비르지니(43세)는 어렸을 때 정말 다루기 힘들고 신경질적인 아이였다. 부산스러웠으며, 주목받고 싶은 마음에 말썽도 많이 피웠다. 또 숨 쉴 틈도 없이 쉬지 않고 말했다. 화도 어찌나 많이 냈는지 사람들이 다 기억할 정도였다. 비르지니가 자신에게 관심 없는 부모에게 관심을 끌려고 그런 행동을 한다고 보는 사람도 있었다. 그러나 비르지니는 성공하지 못했다. 사춘기가 된 비르지니는 결국 소통하기를 거부했다. 그렇게 성인이 된 비르지니는 과연 어떤 모습일까?

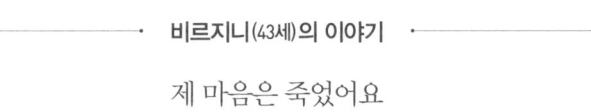

### 비르지니(43세)의 이야기

제 마음은 죽었어요

버려진다는 두려움에서 저를 보호하는 가장 확실한 방법은 사라지는 거였어요. 제 자신을 드러내지 않고, 눈에 띄지 않는 사람이 되는 거였지요. 저는 말도 하지 않았어요. 진회색 옷만 입었지요. 외향적인 남자와 결혼했고 남편 뒤에 제 모습을 감추었어요. 무척 편안했지요. 완벽했어요. 눈에 띄지 않고, 잠들어 있는 사람 같았거든요. 지금 제 딸은 "엄마는 없는 사람이었어요."라고 말해요. 저는 제 개인적인 계획을 세운 적이 없어요. 오로지 남편을 도왔지요. 저는 감정도, 느낌도, 욕구도 없는 사람이었어요. 제가 해야 할 일만 했던 거예요.

심리적으로 고통스러웠던 적은 없었어요. 제 마음은 죽었으니까요. 그런데 저를 위해서 그랬던 건지 제 몸이 아프기 시작했어요. 심장이 지나치게 빨리 뛰었고, 근육은 수축되어 경련이 일었고, 류마티스 관절염이 생겼지요. 아프지 않았더라면 사람들이 제게 다가오는 일은 없었을 거예요. 한번은 친구가 "넌 꼭 온실 속 화초 같아."라고 말했어요. 기분 좋으라고 하는 말이었던 거 같은데 저는 기분이 좋지 않았어요. 스스로 식물 같다고 느끼고 있었거든요.

저는 그 어떤 것에도 더는 즐거움이나 감동을 받지 못했어요. 제 자신이 잠든 사람처럼 사는 게 정상이 아니라는 것을 그때는 몰랐지요. 어느 날 누가 그러더군요. "일을 해 보는 건 어때. 넌 꼭 그래야 할 거 같아."라고요.

엄마와 딸에게 잘 맞는 심리 치료사를 선택해 상담을 받고 무언가 일을 하면 둘 모두에게 도움이 된다. 그러면서 딸은 비로소 자신이 누군가를 위해 필요한 사람임을 알게 된다. 엄마도 자신을 알아 가고, 인정하며, 자신의 기분과 감정을 다시 느끼는 온전한 인간이 되는 법을 배운다. 딸이 엄마가 왜 자신을 사랑하지 못했는지 이해하게 되는 경우도 있다. 엄마가 나쁜 엄마여서가 아니었다. 딸을 특별하게 생각했거나 자신과 한 몸처럼 여긴 정도가 지나쳤거나 충분하지 못했기 때문이다. 임신했을 때나 출산하는 도중에 딸을 잃을지도 모른다고 두려워했던 것이 원인이 될 수도 있다.

엄마도 일시적인 우울증을 겪을 수 있다. 그럴 때는 다른 곳에 관심을 두지 못하고 자신의 마음만 신경 쓰게 된다. 불안과 함께 사는 만큼 엄마는 딸 옆에 있어 주지 못한다. 이때 딸은 엄마가 이런 병을 앓는다고 엄마를 원망하지 말아야 한다. 하지만 엄마가 나으려고 아무런 노력도 하지 않는다면 딸은 그것을 비난할 수 있다. 좋은 엄마란 나아지고자 하는 마음을 잃지 않겠다고 다짐하는 엄마니 말이다.

### 언니나 동생만큼 저도 사랑해 주세요

엄마가 자식을 편애하는데 그 대상이 자신이 아니라면 오래도록 고통스럽다. 사랑이 오가는 자리에 있더라도 자신은 소외된다고 느낀다. 크리스마스에 하는 가족 파티는 미운 오리 새끼들에게는 시험대와도 같다. 사랑받지 못했던 딸은 어른이 되어서도 선물을 고르고, 눈빛을 나누고, 식탁에서 앉을 자리를 고르며 어린 시절의 고통을 다시 떠올린다.

가족마다 약간씩 차이가 있다. 어떤 아들은 집에 전화할 일이 있으면 엄마에게 전화를 하고, 어떤 딸은 아빠에게 전화를 한다. 아이들은 불공평한 것이 아니다. 누구에게 친근감을 더 느끼는가에 따라 다르게 행동하는 것이다. 누구나 애정은 돌고 돈다고 느낀다. 엄마도 더 좋아하는 아이가 누구인지 바뀐다고 말한다. 아이들이 어렸을 때는 이 아이와 더 가깝더라도 나중에는 저 아이와 더 가까워진다.

발레리(55세)는 프랑스어 선생님이다. 처음에는 자신처럼 책을 좋아하는 작은 딸과 더 가까웠지만, 나중에는 자신의 집 근처에 사는 큰딸과 더 가깝게 지냈다. 큰딸은 소유욕 강한 남자와 결혼을 하면서 발레리와 멀어졌다. 그러나 지금도 큰딸과 3일만 같이 지내면 잘 맞는 사이가 된다. 발레리는 자신이 딸과 친밀하게 지내면 사위가 질투한다는 것을 잘 안다. 그래서 사위가 있으면 슬쩍 자리를 피한다.

가족 중에도 잘 맞는 사이가 있다. 애정의 대상이 바뀌기도 한다. 이를 부정하는 것은 이치에 맞지 않다. 돌토는 엄마가 어떤 아이에게만 마음이 더 가는 본능을 뿌리치지 않으면서도, 모든 아이를 골고루 사랑할 수 있는 방법을 제안한다. 아이들 개개인을 그 순간 가장 사랑하면 된다는 것이다. 바로 지금, 여기 있는 그 아이에게 모든 관심을 쏟고 자상하게 대하는 것이다. 이네스는 어떻게 해서 두 딸 모두에게 골고루 애정을 쏟을 수 있었는지 말한다.

"저는 오랫동안 마고가 자기 아빠와 비슷하다고 생각했었어요. 마고도 남편처럼 수학을 좋아했고 취미 삼아 목공일을 했거든요. 저는 남편과 사이가 좋지 않았기 때문에 마고가 그를 닮았다는 게 견디기 힘들었어요. 반대로 뤼시는 저를 닮아서 사랑스러웠지요. 그래도 저는 마고와 이런 관계를 유지하고 싶지 않았어요. 힘들었어요. 죄책감도 들었어요. 저는 마고를 알아 가려고 노력했어요. 그러다 보니 마고 그 자체가 보였어요. 거리감이 느껴지던 마고의 겉모습 속의 따뜻함을 보게 되었어요. 저는 마고를 반갑게 맞아 주려고 노력했고 지금은 예전과는 달리 두 딸 한 명, 한 명을 똑같이 사랑한다고 말할 수 있어요. 뤼시와 있을 때는 활동적인 일을 하려고 해요. 뤼시는 속내를 털어놓기를 좋아하지 않거든요. 마고와 있을 때는 차 한 잔을 마시면서 이런저런 이야기를 나누지요. 마고는 저에게 직장에서 생기는 문제를 말해요. 자기 남편에게는 이런 이야기를 안 하는 거 같아요. 괜히 걱정 끼치고 싶지 않은가 봐요."

엄마가 편애를 인정하는 것도 숨기는 것도 해결책이 될 수 없다. 편애를 인정한다면 사랑을 많이 받지 못한 딸에게는 고통스럽고 부당한 일일 것이다. 그렇다고 숨길 수도 없다. 엄마가 아이를 편애하는 것은 얼굴 한가운데 비죽 솟은 코처럼 확연히 드러나기 때문이다. 목소리 높낮이, 미소로 환히 빛나는 얼굴, 빨리 문을 열어 주러 가거나 전화를 받으려고 조급해하는 엄마의 행동에서 다 드러난다. 편애를 하지 않으려면 다른 아이에게도 '이 아이는 어떤 아이일까?', '무슨 생각을 할까?', '이 아이도 그 자체로 얼마나 사랑스러운가.'라고 생각하며 마음을 열어야 한다.

엄마가 한 명의 아이만 눈에 띄게 사랑하고 다른 아이에게는 무관심할 때 그 아이는 속이 상한다. 그걸 당연시하고 잘 지낼 때도 마찬가지다. 폴린(50세)의 엄마는 항상 남동생을 더 좋아했다.

"엄마는 언제나 아들을 원했어요. 제게 '폴린'이라는 이름을 지어 준 이유도 '폴'이라고 부를 아들을 원했기 때문이었어요. 엄마는 아들을 좋아해요. 엄마는 러시아인인데 그 나라에서는 문화적으로 그런가 봐요. 남성을 더 중요시하는 것 말이에요. 저는 딸이고 동생은 아들이에요. 말 다했지요. 더 볼 것도 없어요. 제가 엄마의 관심을 아빠와 동생에게서 저로 돌리려고 하면 엄마는 저를 할머니에게 맡겨 버렸어요."

이 경우, 편애의 직접적인 원인은 폴린이 아니다. 또 딸이 두 명 있는 집에서는 한 명이 편애의 대상이 되고 기준이 되는 경우가 있다. "너희 언니 좀 봐라, 얼마나 얌전하니!", "언니 너무 예쁘지 않니?", "언니는 이렇게 착한데 말이야!" 이런 말을 듣는 딸이 엄마 마음에 들려면 한 가지 방법밖에 없다. 다른 사람이 되는 것, 즉 언니처럼 되는 것이다. 만일 그렇게 된다면 이길 수 없는 내기를 하는 것이다. 생기 없이 다른 사람을 흉내만 내기 때문이다. 내가 어떻게 더는 나 자신이 아닐 수 있겠는가? 딜레마다! 사람들이 아무리 나에게 반감을 갖는다 해도 나는 내가 아닌 다른 사람이 될 수 없다. 다니엘에게는 언니가 있다. 다니엘은 사람들이 언니를 더 예뻐했다는 사실을 60년이 지난 지금까지도 기억한다. "언니는 머리에 리본을 꽂고, 광이 나는 신발을 신고, 꽃무늬 원피스를 입었어요. 빛이 났지요. 저는 비닐 포대 같은 옷을 입었어요. 머리는 짧았고요. 언니가 예쁜 인형을 선물 받을 때, 저는 발가벗은 갓난아기 인형을 받았어요. 엄마는 언니를 다정하게 안아주며 '딸, 메리 크리스마스.'라고 말했지요."

심지어 개에게 자리를 빼앗긴 딸도 있다. 파비엔(54세)의 엄마는 자신이 불임이라고 믿었다. 그녀는 출산을 포기했다. 그렇다고 크게 슬퍼하지도 않았다. 그녀는 배우였고, 남편은 연출 감독이었다. 부부는 순회공연을 다니느라 늘 시간에 쫓겼다. 어느 날, 파비엔의 엄마는 임신했다는 말을 들었다. 부부는 아이를 낳기로 했다. 그러나 딸이 태어난 것도, 어린 딸의 사랑스러운 모습을 보는 것도 부부에게는 기쁘지 않았다.

파비엔이 말했다.

"다른 무언가가 저를 대신한다는 느낌을 받았어요. 저는 투명 인간이었어요. 제가 열 살 때 부모님은 동물 보호 단체에서 작은 개를 한 마리 데려왔어요. 유기견이었지요. 그 개이름은 미르자였어요. 미르자는 관심이란 관심은 모두 받았어요. 웃기지 않나요? 예전에 매를 맞으며 살았는지 누가 팔을 들어 올리기라도 하면 바로 낑낑거려서 엄마는 미르자를 다독여 주고 침대로 데려갔지요. 부모님은 미르자에게 연민을 많이 느꼈어요. 시골 공기를 마시게 해야겠다고 하면서 미르자를 위해 자동차를 샀지요. 그러나 제가 맑은 공기를 마시고 싶은지, 엄마의 애정과 관심이 필요한지는 한 번도 궁금해하지 않았어요. 엄마는 미르자를 위해 파티를 열었지만, 저를 여름 캠프에 보낼 때나 할머니 댁에 맡길 때는 잘 다녀오라고 인사하는 것조차 잊을 때가 있었지요. 저는 질투가 났지만 당연하다고 생각하려 했어요. 그리고 스스로를 원망했지요. 개를 질투한 거잖아요!"

삶을 엄마에게 헌신하는 딸도 있다. 의사 파스칼 롤랑은 이런 딸을 몇 명 안다. 이들은 삶의 마지막 순간까지 자신을 학대한다. 그리고 자신이 삶을 바쳤던 엄마가 세상을 뜨면 몇 달 후 그 뒤를 따르기도 한다. 스스로 삶을 망치는 것이다. 반면에 엄마에게서 거리를 두는 딸도 있다. 그들은 아무것도 주지 않은 엄마를 멀리하고 다른 곳을 본다.

마들렌도 그랬다고 말했다. 딸은 자신이 버림받았듯 엄마를 저버린다. 그렇지만 그것은 복수가 아니라 단념이다. 이 이야기의 결말은 한쪽이 다른 쪽을 더 사랑한 연인 이야기를 닮았다. 어떤 연인이 있었다. 수년 동안 둘 중 한쪽은 상대의 무관심과 비난, 지나친 요구를 참고, 때로는 배신을 당해도 인내심을 갖고 상대에게 친절하게 대했다. 상대에게 귀를 기울이며 관심을 가지고 모든 것을 주었다. 항상 베풀었지만 언젠가 받을 날이 올 거라고 생각했다. 그러나 사랑하는 사이에서 지나친 낙관주의는 걸림돌이 된다. 어느 날, 이 연인 관계는 끝난다! 그리고 두 사람 모두 관계가 예전으로 돌아가리라는 희망도 품지 않는다.

엄마와 딸 사이에서도 가끔 이와 같은 일이 생긴다. 딸은 엄마의 사랑을 얻는 데 전념한다. 엄마를 미소 짓게 하고, 엄마의 눈길을 받으며, 칭찬을 듣기 위해 딸은 엄마가 하라는 대로 하는 착한 딸이 된다. 딸은 엄마의 관심을 받기 위해 일부러 다치기도 한다. 그러면서 딸은 '엄마는 왜 나를 사랑해 주지 않을까? 나한테 문제가 있는 게 아닐까?'라며 스스로 궁금해한다. 그러나 딸은 자라면서 엄마가 다른 엄마와 다르다는 것을 알게 된다. 엄마는 다른 엄마처럼 해 주지도 않고, 사랑해 주지도 않으면서 시키는 것만 많다. 엄마의 결점, 이기주의, 못된 성격도 알게 된다.

불평등한 연인 관계에서처럼, 딸은 사랑을 주지 않았던 엄마에게 사랑받고자 노력하던 일을 어느 날 단념한다. 그래도 단번에 그러지는 않는다. 자신을 세상에 나오게 해 준 사람이라 절대로 한번에 관계를 끊을 수 없기 때문이다. 그러나 딸의 시선은 엄마를 떠나 다른 사랑과 행복을 향한다. 이제 엄마는 딸에게 인생의 중심이 아니다. 엄마가 사랑을 주었든 주지 않았든 이제 엄마의 사랑은 딸의 주된 관심사가 아니다. 딸은 무언가를 바꿔 보겠다는 생각을 버렸다. 희망도 딸의 마음에서 떠났다. 딸의 고민은 더 이상 엄마의 사랑을 구하는 것이 아니다. 딸은 그렇게 한결 가볍고, 긍정적인 마음을 가질 수 있으며, 자신만의 인생을 살 수 있다. 클레망스(32세)는 이 과정을 이렇게 요약한다.

"예전에는 엄마에게 사랑받고, 엄마를 행복하게 하려고 모든 것을 했어요. 그러던 어느 날, 제가 벽을 향해 간다는 걸 알았지요. 엄마라고 모두 애정이 깊지는 않아요. 제가 엄마를 사랑한 만큼 엄마는 저를 사랑하지 않는다는 것을 깨달았어요. 결단을 내려야 했어요. 저를 사랑하고, 저를 위해 살아가는 법을 배워야 했지요. 그렇게 제 삶을 가꾸어 나가는 멋진 모험이 시작되었답니다."

딸이 좋아하지 않는 말이 있다. "나중에 때가 되어서 네가 엄마가 되면, 엄마를 좀 더 분명히 이해할 수 있을 거야."라는 말이다. 외로움을 느끼며 자랐던 딸은 자신의 모성도 부족하지 않을까 걱정한다. 그러나 자신에게 아이가 생기면 그 아이가 정말 예뻐 보인다. 스스로 엄마라고 하기에는 조금 서툴지만 엄마도 그다지 할머니답지 않다. 이때 이 모녀 관계의 본질이 드러난다.

폴린은 딸을 낳자마자 첫눈에 사랑에 빠졌다. 이 순간은 기쁘면서도 괴로웠다. 엄마로서 딸에게 사랑을 느끼면서 모성애가 무엇인지를 처음 느꼈던 것이다. 어렸을 때 엄마의 사랑을 받지 못한 폴린은 어릴 때의 자신을 생각하니 마음이 아팠다. 지금까지 폴린은 스스로 판단하고 무엇을 요구할 힘과 용기가 없었다. 그러나 엄마가 자신의 딸과 남동생의 아이들을 차별하기 시작하자 이제는 반박할 수 있었다.

"그건 아니지요, 엄마. 예전에 저 보란 듯이 '우리 강아지'라면서 남동생만 예뻐했지요! 이제 그러지 마요. 남동생 아이들한테 10유로를 줬으면 우리 딸한테도 똑같이 줘요!"

홀대받은 딸은 용감한 엄마가 된다. 그렇게 무서워하던 엄마를 상대로 진정한 암사자가 된다.

엄마에게 사랑받기를 포기하지 않는 딸도 있다. 그래서 결국 엄마에게 사랑을 받는 행복한 경우도 있다. 마갈리와 엄마도 아름다운 결말을 맺었다. 마갈리도 폴린처럼 편애가 심한 엄마에게서 자랐다. 마갈리의 엄마는 마갈리의 오빠를 더 좋아했다. 마갈리는 엄마의 관심을 끌려고 했던 일들을 떠올렸다.

"저는 방문을 살며시 두드렸어요. 엄마는 '아들이니?'라고 했어요. 제가 들어가면 '아, 너구나!'라며 한숨을 쉬고는 오빠가 아니라서 실망했어요. 저는 어른이 되고도 엄마를 자주 보러 갔어요. 엄마와 이런저런 이야기를 나눴지만 엄마는 다른 생각을 하고 지루해했어요. 그러다 갑자기 전화벨이 울렸어요. 엄마는 뛸 듯이 기뻐했어요. 3개월에 한 번씩 전화를 하는 오빠였어요. 엄마는 '너도 알지? 그 애가 할 일을 다 제쳐두고 나에게 전화를 했어!'라고 말했지요. 얼마 후 엄마가 병에 걸렸어요. 의사와 이야기를 하고, 간호를 하고, 병원 서류를 챙기고, 저는 이런 일을 다 책임졌어요. 오빠는 전혀 신경 쓰지 않았어요. 어느 날, 엄마가 돌아가실 듯한 날이었는데 엄마가 저를 가만히 바라봤어요. 엄마가 저를 그렇게 본 적은 한 번도 없었어요. 엄마는 제 눈을 진심으로 쳐다봤지요. 그러고는 조용히 말했어요. '고맙다, 딸.' 마치 후회하는 것 같았고 이제야 저를 알아본 것 같았어요. 엄마의 장례를 치를 때 이모가 제게 말했지요. '엄마는 너를 사랑했단다.'"

사랑스럽고 인내심 있는 딸을 둔 이 엄마는 정말 행복한 사람이다. 엄마에게 사랑을 구해도 얻지 못하는 경우, 많은 딸이 포기해 버리기 때문이다.

죽음을 앞둔 사람들은 무엇을 가장 후회할까? 호주에서 완화 치료 간병인으로 일했던 브로니 웨어는 자신의 블로그에서 이렇게 말한다. 죽음을 눈앞에 둔 사람들은 충분히 사랑하지 못한 것을 가장 후회한다고 한다.

### 엄마가 원하는 대로 살지 않을 거예요

무관심한 엄마는 적어도 딸이 자신이 아닌 다른 사람을 사랑해도 내버려 둔다. 그러나 딸에게 영향력을 행사하고 싶은 엄마는 딸이 자신에게 헌신할 수밖에 없도록 한다. 이런 관계는 좋지 않다. 딸은 엄마에게 희생하고 헌신하며 엄마가 필요할 때마다 옆에 있어 준다. 엄마가 원하는 것은 무엇이든 들어준다. 딸에게는 다른 선택의 여지가 없으며, 그렇게 하는 것이 이 관계의 전제 조건이기 때문이다. 또 딸이 엄마에게 의존할 수밖에 없는 아이이기 때문이다. 딸에게는 다른 사람을 바라보는 것이 허용되지 않는다. 건강하지 않은 관계에서 단 한 사람이 무언가를 요구할 권리를 독차지하는 것, 이런 것이 영향력이다.

1930년대 유명 여배우였던 마를레네 디트리히의 딸 마리아 리바도 이런 문제를 겪었다. 마리아는 엄마의 물건이었다. 그녀는 엄마에 관한 이야기를 집필한 전기에서 엄마에게 물건, 인형, 들러리로 취급받아 고통스러웠다고 털어놓았다. 엄마는 그녀를 '마리아'라고 이름으로 부르지 않고 항상 '얘야'라고 불렀다. 엄마와 딸의 구도가 이렇다면 세상이 뒤집어진 것이나 마찬가지다. 아이가 다 큰 어른에게 최소한 관심의 눈길이라도 받고 싶다면, 그 어른에게 헌신해야 한다는 의미다. 엄마가 대접받기를 좋아하면 딸은 어린 가사 도우미로 변신한다. 엄마가 간호하는 걸 좋아하면 딸은 안 아팠어도 아픈 척을 한다. 엄마가 자기 자랑을 계속할 수 있도록 딸은 엄마가 말할 때 맞장구를 친다. 엄마는 친한 친구가 없으므로 딸은 엄마의 가장 친한 친구가 된다. 그리고 때로는 철없는 엄마의 엄마가 된다.

딸이 엄마를 사랑해서 하는 행동들을 보면 정말 무모하다. 엘프리데 옐리네크는 저서 《피아노 치는 여자》에서 왜곡된 엄마와 딸이 어느 정도까지 피폐해지고 타락해질 수 있는지 보여 준다.

엄마에게 물건처럼 여겨졌던 마리아는 자신을 물건으로 생각한다. 보통 딸은 자라면서 주변 사람들이 내미는 손을 잡고 이들과 교류하며 성격을 확립해 나간다. 가장 먼저 딸에게 손을 내미는 사람은 엄마다. 그러나 딸을 사람으로 대하지 않는 이런 모녀 관계에서는 딸이 자기 자신을 만날 수가 없다. 어린아이인 딸은 하라는 대로 할 뿐이다. 결국 딸은 남이 자신을 점점 착취하고, 조종하고, 이용하고, 가차 없이 버려도 가만히 있게 된다. 마리아는 이렇게 썼다.

"어떤 면에서 나는 이런 상황에 맞게 만들어졌다. 나만의 정체성이 없었기에 남이 나를 어떻게 써먹어도 항상 순응했으며, 늘 그런 상황에 있었다."

유명한 MC인 플라비 플라망도 저서 《위로 *La consolation*》에서 자아 상실과 그로 인한 결과를 이야기했는데, 마리아 리바가 말한 것과 같았다.

이런 관계에 있는 딸은 엄마가 좋아하는 환경을 만들어야 하며, 엄마를 기쁘게 해 주기 위해 자신의 성격을 왜곡해야 하는 상황에 처해진다. 이렇게 하지 않으면 딸은 거부당하고, 굴욕당하며, 잊히고, 버려질 것이다. 이럴 때라도 딸의 내면에 있는 건강한 생각이 오랫동안 이에 저항한다. 딸은 자신을 나사로 꿰뚫듯 억압하는 이 관계의 잘못된 부분에서 벗어나려고 노력한다. 딸은 엄마를 판단했다가, 복잡한 감정을 느꼈다가, 뒤로 물러섰다가, 엄마를 싫어한다. '엄마는 미쳤어. 괴물이야. 아주 가식적이야.'라는 생각을 하다가 이렇게 나쁜 생각을 했다고 스스로를 질책한다. 왜냐하면 엄마는 존중받아야 하는 존재이며 버팀목이자 큰 어른이기 때문이다. 그러나 딸의 부정적인 생각은 강해진다.

'엄마는 나를 이용하고 마음대로 해. 엄마가 이렇게 대하다니 끔찍해. 엄마는 나를 속이는 거야. 진정한 엄마라면 이러지 않을 거야. 엄마는 나를 전혀 사랑하지 않아. 나는 지금 스스로를 고통 속에 떠미는 거야. 힘들어. 그런데도 나는 엄마를 버릴 수 없어. 내가 잘못 시작한 거야. 절망스러워.'

상황이 순조롭지 않을 때면 늘 그렇듯 이성이 동요한다. 엄마를 이성적으로 이해하고 싶은 것이다. 그래서 엄마에게 관심을 가진다. 엄마는 누구일까? 엄마에게 무슨 문제가 있는 걸까? 딸은 슬픔과 반항, 순응 사이를 오간다. 엄마를 싫어하다가, 사랑하고, 울기도 하고, 병에 걸린다. 딸의 사랑은 양면성으로 가득 찼다. 엄마를 싫어하는 게 당연하다고 느끼면서도 엄마를 나쁘게 생각했다는 데 죄책감을 갖는다. 딸의 내면은 지뢰밭을 닮았다. 딸은 자신을 찾기도 힘들어하고, 삶을 제대로 살아가기도 힘들어하며 엄마와 관계를 유지하는 것도 힘들어한다. 딸의 앞날은 어떨까? 이렇게 머릿속이 복잡한데 자신을 돌볼 수 있을까? 딸은 병든 관계 때문에 여기저기가 아파 온다.

딸은 엄마에게 가면을 벗으라고 말할 수 있다. 엄마의 그런 행동이 딸인 자신에게 고통을 준다는 것을 인정하라고 한다. 누구나 문득 자신의 양심을 살펴보는 때가 있기 때문이다. 그러나 엄마가 자신만의 욕구, 기쁨, 불행, 불안으로 만들어진 다른 세계에 살 때는 딸이 가면을 벗으라고 해도 헛수고다. 엄마는 죄책감, 엄마로서의 의무, 공감에 무감각하다. 이런 무감각은 엄마의 공격에 제동 장치가 없다는 뜻이므로 결국 자신을 위험하게 한다.

불행에 사로잡힌 엄마를 살피고 감당하는 데 있어서 딸보다 더 좋은 사람은 없다. 희생자이자 구세주인 딸은 망가진 모성의 정신 상태를 구하려 한다. 엄마에게 대항하기도 하지만 엄마가 곤궁에 빠졌다고 느낄 때면 엄마를 보호한다. 딸은 지친다. 그러나 힘을 내야 한다. 나를 괴롭히지만 어쨌든 사랑하는 엄마가 파멸을 향해 가고 있기 때문이다. 이 모든 것을 끝내려고 딸은 홀로 전투에 나선다.

모든 사람이 떠난다. 엄마의 친구들은 버티지 못하며, 남을 배려한다는 자기만족을 느끼는 아첨꾼들만 남는다. 아빠가 있다 하더라도, 아빠는 엄마가 듣기 좋은 말만 한다. 아빠는 엄마의 결점을 지적하거나 보완해 주지 않는다. 딸은 자신의 존재를 확인하고 싶어 한다. 그러나 어떠한 방법이 자신을 도와줄 수 있을지 모른다.

다행스럽게도 어떤 딸은 에너지가 있고, 삶에 관해 놀라울 만큼 강한 욕구를 가졌다. 또한 쾌활하며, 강인한 내면을 지녔다. 이런 딸에게 이 상황을 헤쳐 나가게 하는 엔진은 넘치는 분노다. 엄마를 싫어하는 마음이 크게 작용하며 딸의 정체성에 틀을 잡아 주는 것이다. 작가 마리아 리바, 마리 카르디날, 클라라 비달이 책을 썼듯 딸은 자신의 경험담을 털어놓을 방법을 찾아낸다. 자신에게 일어난 일을 글로 쓰거나 말로 이야기한다. 엄마에게 종속되어 있는 한, 딸은 분노를 표출하지 않고 있다. 분노가 위험하다는 것을 알기 때문이다. 딸은 자신이 엄마에게 대항할 수도 있음을 감지한다. 그러나 부딪

치더라도 딸이 생기를 잃어버린 채 승부가 끝나고, 엄마는 자만하거나 희생자가 되거나 모든 것을 부인한다.

"우리 딸은 점점 잘못되어 가. 그 애가 좋은 심리 상담사를 찾아갔으면 좋겠어."

코앞에서 다시 쾅 닫치는 이 문을 마주 보며 어떤 딸은 전보다 더 큰 죄책감과 동정심을 느낀다. 어떻게 이 딸을 도울 수 있을까? 학대받고, 무시당하고, 물건처럼 여겨지는 딸의 입장을 앞장서서 지지하는 것이 방법이 될 수 있다. 2015년 1월 파리에 있는 신문사 〈샤를리 에브도 *Charlie Hebdo*〉 본사가 테러를 당했다. 사람들은 테러에 반대하고 희생자를 추모하며 연민과 공감을 표현하기 위해 "내가 샤를리예요 Je suis Charlie."라고 말했다. 마찬가지로 이 딸의 입장을 지지하며 "우리가 그녀다."라는 플래카드를 흔드는 마음으로 행동할 수 있다.

그러나 그 누구도 엄마에게 분노하는 딸을 좋아하지 않는다. 엄마를 향한 딸의 분노는 납득되지 않는다. 딸은 스스로 존재하려고 내면에서 끔찍한 사투를 벌이지만, 엄마를 향한 딸의 분노는 사춘기 때의 반항이나 그릇된 행동으로 여겨진다. 딸이 조금이라도 분노를 표현하면 이 분노는 부끄러움으로 변한다. 유유히 흘러가는 공기에 '구멍'을 내어 그 흐름을 가로막았다는 것이다. 무관심한 엄마를 둔 클로드는 이렇게 말했다.

"저는 사랑스럽지 않고, 사랑받을 만한 능력도 없고, 좋은 사람이 아니기 때문에 사랑을 받지 못했다고 생각해요. 그래서 죄책감이 들어요. 또 제가 행동을 잘한 것도 아니라서 아무도 저를 사랑하지 않는 것이 당연하다고 생각해요. 그러니 엄마조차 저를 사랑할 리 없겠지요."

딸이 베일을 벗어던지고, 위험을 감수하며 분노하려면 많은 용기가 필요하다. 사람들의 관심은 딸을 물건처럼 대하는 엄마가 아니라 엄마를 비난한 딸에게 쏟아지기 때문이다. 나는 그럼에도 자신의 경험을 들려준 딸들에게 감사한다. 다른 많은 딸들이 그들의 경험담을 읽으며 자신의 모습을 발견하고, 자신이 혼자가 아니며, 당당하다고 느낄 것이다.

이처럼 극단적인 엄마와 딸의 관계에서는 정상적인 것이 하나도 없음을 알 수 있다. 이 관계는 더는 살아 있는 관계도, 받은 것보다 더 많이 주는 관계도, 보호하는 관계도, 좋은 관계도, 존중하는 관계도 아니다. 해독제를 찾아야 하는 독약과 같은 관계다. 딸은 이 해로움의 원인이 엄마이므로 해독제도 엄마일 거라고 생각한다. 그래서 엄마에게 영향을 주려고 노력한다. 마치 마음이 건강한 딸이 엄마에게 하듯 말이다. 하지만 엄마는 그 어떤 공격과 눈물에도 흔들리지 않는다.

이제까지 엄마의 행동을 생각해 보면, 엄마가 쉽게 마음을 움직이리라고 생각하기는 어렵다. 그래도 엘자를 상담했던 가족 심리 치료사는 엘자를 따로 불러 엄마를 돌보라고 했다. "어머니에게 관심을 가져 주세요. 약한 분이세요."

딸은 엄마에게 관심을 가지는 만큼 자기 자신에게도 관심을 가져야 한다. 계속 엄마 주위에 있다면 빠져나오기 힘들 것이다. 엄마의 거울에 비치는 상은 지나치게 왜곡되어 있다. 거울 위아래로 금이 많이 나 있는 것이다. 상황을 있는 그대로 받아들이는 것이 유일한 해결책이다. 엄마에게 신경 쓰지 말고 자신에게 관심을 기울이자.

나는 누구일까? 나에게 유익한 것은 무엇일까? 내 주변 사람들 중 좋은 사람은 누구일까? 더는 '물건'이 아니라 나만의 취향과 특성, 욕구와 꿈을 지닌 단 하나뿐인 '사람'이 되기 위해서 나에게 관심을 가져야 한다. 딸이 자신의 삶에서 주도

권을 쥐고, 스스로를 걱정하고 보호할 때, 다시 말해 엄마가 해 줬어야 했던 일을 스스로 해 나갈 때, 딸은 비로소 자신을 지킬 수 있다.

### 엄마와 관계를 끊어야 할까?

엄마를 만나면 속이 뒤집히고, 상처받는다. 점점 관계가 엉망이 되는 것 같다. 그렇다고 해서 엄마와 관계를 끊어야 할까? 어떤 엄마는 실제로 정말 많이 아파서 딸과 갈등이 깊어지기도 한다. 이 정도로 극에 달한 엄마와는 거리를 두는 것 말고는 답이 없다. 최소한 자신의 기력을 회복할 시간이 딸에게도 필요하다. 이런 경우를 제외하고는 엄마를 계속 만나는 게 딸에게 좋다. 특히 엄마를 다른 사람 대하듯 만날 수 있다면 더욱 그렇다.

아무리 딸을 힘들게 하는 엄마라도 딸의 한 부분을 차지한다. 딸이 엄마를 닮고 싶지 않더라도, 이런 생각조차 딸이 엄마와 다른 한 사람으로서 자신의 정체성을 확립해 나가는 데 좋은 동력이 된다. 또 세대의 질서 속에서 엄마가 자신보다 앞서 살아감을 느끼고, 그러한 엄마와 가족이라는 소속감을 얻게 되는 일은 언제나 좋다. 어떻게 보면 모녀 관계는 우리를 무한한 상상의 길로 안내하는 문과 같다. 딸은 엄마를 만나지 않을 때 엄마를 가끔씩 떠올린다. 그리고 상처가 만든 색안경을 끼고 엄마는 이런 사람이라고 상상한다.

딸이 엄마의 안 좋은 행동 때문에 상처를 받았다면? 엄마를 원래 그런 사람이라고 생각한다. 엄마에게 받은 사랑이 부족하다고 느꼈다면? 엄마는 원래 누군가를 사랑하지 못하는 사람이라고 생각한다. 엄마의 이기주의가 모녀 관계에 압박을 가했다면? 애초에 엄마는 배려를 알지 못하는 사람이라고 여긴다. 이렇게 생각하면, 엄마도 인간적이며 나름의 사정이 있는 사람처럼 느껴진다.

어떤 딸은 엄마와 멀리 떨어져야만 엄마를 사랑할 수 있다. 엄마와 거리를 두면서 비로소 엄마를 존경하게 되고 더 나아가 엄마에게 다정함을 느낀다. 딸에게는 정말 나쁜 엄마였지만, 결국 엄마도 자신 같은 예쁜 소녀였고, 수많은 시련을 겪었던 용기 있는 여성이었으며 손주의 응석을 받아 주는 할머니임을 깨닫는 것이다. 그렇지만 엄마와 같이 있으면 엄마

> 의 차가운 말투, 지나친 행동, 곱지 않은 시선과 마주하게 된다. 그럴지라도 엄마와의 다리는 끊지 말자. 대신 엄마에게 어느 정도 마음을 두어야 좋을지 잘 생각해 보자.

### 엄마랑 잘 안 맞는데 왜 떠나지 못하는 걸까요?

딸이 엄마에게 어느 정도로 마음을 써야 하는지 생각해 보는 일은 엄마와 딸의 '융합'에서도 필요하다. 융합은 너와 나, 네 것과 내 것을 혼동하는 것이다. 서로의 위치도 수시로 변한다. 엄마가 딸이 되고, 딸은 엄마의 엄마, 엄마의 남편이 되는 것이다. 서로의 거리도 정해져 있지 않다. 그래서 상대가 내 구역으로 불쑥 들어오기라도 하면 당황스러워한다. 하지만 엄마와 딸은 서로 연결되어 있다. 그렇기에 아무리 빠져나오려고 해도 성공하지 못한다. 딸과 엄마는 하나인 것이다. 이는 서로가 단단히 연결된 매우 복잡한 관계다.

이러한 융합 관계에서는 행복한 관계의 전제 조건인 사람과 교류하는 것이 불가능하다. 엄마와 딸은 서로 떨어지려고 많은 노력을 하지만, 막상 멀어지면 불안해서 금방 다시 가까워진다. 엄마와 딸을 힘들게 하는 건 철학자 쇼펜하우어가 말한 '고슴도치 딜레마'다. 고슴도치는 다른 고슴도치와 가까워지면 서로의 가시에 찔리고, 멀어지면 추위로 죽는다고 한다. 두 사람의 정신적인 융합의 정도가 과도할 경우, 두 사람은 외부의 자극과 두려움, 불안을 더 심하게 느낀다. 이 두 사람은 짙은 안개 속에 있는 것이나 마찬가지다. 누가 누구고, 이건 무엇인지 볼 수 없다.

### 제니퍼(25세)의 이야기

#### 부담스럽지만 엄마와 하나처럼 살아가요

저희는 가까운 사이라기보다는 아예 하나예요. 저는 엄마를 이해하고, 한눈에 엄마 기분을 알 수 있지요. 그러나 저희는 정말 많이 싸워요. 엄마와 자식이 아닌 것처럼요. 저희는 쌍둥이 같기도 하고, 제가 엄마의 엄마거나 남편 같아요. 가끔 엄마는 옷을 입고 화장을 한 뒤에 자신의 모습이 어떠냐고 제 생각을 물어봐요. 엄마의 친구에 관해서도 평가해 주길 바라지요. 엄마는 정말 순수하고, 감성적인 분이에요.

엄마와 대화하면 정말 즐거워요. 유기농, 글루텐, 유전자 변형 식품, 환경, 건강 등 엄마와 제 관심사가 같거든요. 저희는 4남매인데, 저희 남매는 엄마가 저를 가장 좋아한다고 생각해요. 근데 엄마에게 저는 상황에 따라서 가장 좋은 딸이었다가 가장 나쁜 딸이기도 했지요. 엄마는 수없이 저를 질책했거든요.

저는 엄마와 1,000킬로미터 떨어진 곳에 살았어요. 그런데 어느 날 깜짝 놀랐어요. 엄마가 저희 집에서 300미터밖에 떨어지지 않은 아주 가까운 곳으로 이사를 온 거예요! 지금 제게는 딸들과 남편이 있지만, 엄마와 멀리 떨어진 곳으로 다시 이사 갈 엄두가 나지 않아요. 여전히 엄마와 연결 고리를 찾는 거지요. 먼 곳으로 간다면 저는 불안해서 못 견딜 거예요.

엄마는 저에게 안정감을 주기도 하고 속상하게 하기도 해요. 잘 대해 주다가도 관심을 안 가질 때도 있어요. 정말 모순적이지요. 저는 항상 엄마와 붙어 있어요. 그런데 저희가 소통을 많이 하지는 않아요. 대화는 두 사람이 하는 것이지만, 저희는 한 사람이거든요. 엄마에게 무슨 일이 생기면, 제게 그 일이 생긴 것 같아요. 소리, 냄새, 제 몸의 감각으로 엄마에게 일어난 일을 모두 느껴요. 엄마와 저는 비슷해요.

한편으로는 엄마가 저를 너무 많이 필요로 하지는 않았으면 좋겠어요. 대신 엄마가 그동안 제게 되어 주지 않았던 울타리가 되어 줬으면 좋겠고, 엄마의 아이로서의 자리를 내어 줬으면 좋겠어요. 평화로운 마음을 갖도록 도와줬으면 좋겠어요.

저도 아이들의 엄마가 되어 보니 불안해요. 나이 든 엄마가 돌아가실까 봐 두렵거든요.

엄마는 저를 사랑한다고 말만 하지 행동으로는 표현하지 않아요. 아이들의 할머니답지도 않고요.

엄마는 저를 보호해 준 적이 없어요. 엄마는 저를 할머니 댁에 맡겼지요. 그러고는 할머니에게 저를 무용 학원에 데려다 달라고 부탁했고요. 제가 함께 가고 싶었던 사람은 엄마였어요! 이제 와서 불평해도 다 소용없어요. 전에는 엄마에게 독설을 쏟아 냈지만 지금은 죄송하다고 말하고 싶어요. 조금 더 나은 사람이 되어서 저를 위해 살고 싶고요.

제 인간관계를 돌아보니 저는 엄마를 대했던 방식대로

모든 사람들을 대해 왔더라고요. 최악인 사람들에게도 정말 친절하게 대하고 다 맞춰 주지요. 예를 들면 저희 회사의 사장님이 있어요. 그분은 히스테리가 지나쳐서 사람의 감정을 상하게 해요. 저는 사장님이 저를 좋은 사람이라고 생각했으면 좋겠다는 마음에 아무렇지 않은 듯 제 의무를 다해요. 그러고 나면 항상 스트레스를 받지요.

저는 늘 엄마를 보거나 엄마와 전화를 해야 해요. 엄마와 멀어지면 불안하고 몸이 아프거든요. 엄마도 제가 엄마와 떨어지면 힘들어하는 게 문제라는 걸 알아요. 그래서 엄마도 이 관계에서 벗어나려고 노력하지만 큰 문제라고 생각하지는 않는 것 같아요. "우리 관계가 문제는 아니야. 네가 그렇게 생각하니까 자꾸 아픈 거야." 그래서 저는 엄마를 보거나 엄마에게 전화를 할 때마다 진이 다 빠진답니다.

엄마의 사랑은 진화한다. 처음에 엄마는 아기와 공생 관계에 있다. 엄마는 아기가 태어난 후 3주까지 아기가 잘 때 같이 자고, 밥 먹을 때도 아기를 안고 먹으며 항상 붙어 있다. 하지만 머지않아 엄마는 자신과 딱 붙어 있던 아기와 조금 떨어진다. 아기에게도 숨 쉴 틈을 주고, 자신도 스스로의 삶을 다시 살기 위해서다.

엄마가 아기와 조금 떨어졌다고 해도, 몇 년간은 엄마와 딸의 거리가 매우 가깝다. 엄마가 조금씩 더 거리를 두는 것은 그 이후다. 딸이 이제 혼자서도 할 수 있음을 알게 되는 때다. 그러면 엄마는 딸이 스스로에게 확신을 가지고 잘 성장하도록 도움을 준다. 엄마는 부족한 점을 메워 주는 역할을 하며, 딸은 엄마 없이 지내는 법을 배운다. 곧 딸은 무서워도 안심할 수 있고, 화가 나도 평온해질 수 있으며, 슬퍼도 스스로를 위로할 수 있다. 이러한 심리적 자립심은 딸이 어디서든 스스로 편안함을 느낄 수 있도록 하며 딸에게 자신감과 안정감을 심어 준다. 이제 그 무엇도 딸을 흔들 수 없다. 딸은 자신을 위로하고 보호하는 법과, 안정을 찾고 이성적인 사람이 되는 법을 알았기 때문이다. 이는 융합과 정반대다. 어느 정도 클 때까지도 엄마와 융합 관계에 있는 딸은 물밀듯 밀려오는 원인 모를 불안감을 느낀다.

그렇다면 어떻게 해야 할까? 엄마와 딸의 융합이 꼭 기쁨만을 주는 관계가 아님을 깨달아야 한다. 엄마와 딸은 두 사람 모두 안정을 되찾고, 심리적으로 지나치게 가까워지지 않도록 해야 한다. 그러려면 자신의 내면에서 섬세한 감정적인 부분이 상처받지 않도록 각자가 스스로를 보호하려는 노력을 할 수 있다.

엄마는 자신의 고통과 걱정에서 딸을 보호해야 하는 것이 제 임무임을 기억하며 딸을 도와주어야 한다. 먼저 딸의 사생활에 개입하는 것을 자제하고, 딸과 심리적·물리적으로 거리를 둔다면 도움이 될 것이다. 그리고 난 후에는 딸이 없더라도 자신의 대외 생활을 충실히 해 나가도록 노력해야 한다. 이는 딸이 자율적인 삶을 가꾸어 나갈 수 있도록 도와주는 것이 되기도 한다. 또 다른 방법은 심리 상담사들이 권하는 것으로 엄마와 딸 사이에 '제3자'가 들어오게 하는 것이다. 제3자는 아빠일 수도 있고 딸과 사귀는 사람일 수도 있다. 아니면 이모, 고모, 할머니를 부를 수도 있다. 만약 딸이 경제적 여건이 마련되지 않아 자립을 못 하고 부모 집에 산다면 이모, 고모, 할머니는 이 걸림돌을 걸러 주는 역할을 하는 사람이 될 수 있다.

딸이 엄마와 멀어지려 하고, 엄마에게 쏟던 사랑을 다른 쪽에 주어도 엄마는 다 받아들인다. 그러나 가슴이 찢어질 듯 아픈 것은 어찌할 수 없다. 엄마가 융합했다고 느끼는 자식은 대부분 엄마가 가장 아끼는 아이기 때문이다.

여기저기에서 이렇게 권한다. "융합에서 벗어나세요!" 그러나 융합에서 벗어나라고 말하기는 쉽지만 서로 붙어 다니는 사이에서 실행하기는 어렵다. 게다가 딸이 엄마에게서 벗어나려고 할 때 딸이 난폭해지는 경우가 있다. 소리를 지르고, 감정을 분출한 편지를 쓰고, 문을 쾅 닫고, 연인과 사랑의 도피를 하는 이러한 행동은 아무리 힘들더라도 엄마와의 융합에서 꼭 벗어나겠다는 시도로 볼 수 있다. 신중한 엄마는 융합 관계 속에서 자신이 딸을 꼭두각시 인형처럼 만들 수도 있다는 것을 잘 안다. 그래서 엄마는 딸과 거리를 두려고 한다. 이때 딸도 엄마와 맺는 관계에 선을 긋고, 자신의 감정이 어떤지를 탐색해 간다면 엄마를 도울 수 있다.

제니퍼와 엄마의 거리가 더 가까워지는 것을 막을 방법이 있다. 제니퍼의 남편에게 엄마와 제니퍼 사이로 들어와서 자리를 차지해 달라고 부탁하는 것이다. 이렇게 되면 제니퍼와 엄마의 관계는 제니퍼의 남편까지 세 사람의 관계가 된다.

제니퍼의 남매와 아빠도 함께 이 관계에 들어온다면 더 좋다. 이처럼 가족, 친구, 사회, 일은 엄마와 딸이 서서히 떨어지도록 돕는다. 두 사람이 엄마와 딸 관계보다 개인적인 생활에 더 집중하는 길이 융합에서 벗어나는 바른길일 수 있다.

엄마와 딸의 융합으로 주로 피해를 보는 쪽은 엄마가 특히 더 애지중지하며 키운 딸이다. 딸에게 필요한 건 엄마의 완벽한 사랑이 아니다. 인간적이고, 상대적이며, 불완전할지라도 숨 막히게 하지 않는 사랑이다. 엄마는 완벽한 사랑을 줄 수 없다. 딸은 엄마에게서 벗어나 스스로 성장하고, 자기 자신이 되고, 친구와 연인을 자유롭게 만나고 싶어 한다. 지나치게 애정이 깊고, 이상적인 엄마를 둔 딸은 엄마에게서 벗어나려고 할 때 죄책감에 시달린다. 엄마를 버리는 느낌이 들기 때문이다. 그러나 아무리 죄책감에 시달리더라도 결국에는 이렇게 말할지 모른다.

"제게 뭐가 필요하냐고요? 뭘 거 같아요? 바로 엄마가 저를 조금만 덜 사랑하는 거예요!"

### 폼므(39세)의 이야기

저는 엄마를 사랑했고, 엄마도 저를 사랑했어요

제가 겪은 고통을 고백하려니 쉽지 않네요. 엄마와 저는 서로가 정상이 아니라고 느끼거든요. 그래서 모녀 간에 생긴 슬픈 사연들을 들을 때마다 부끄러워요. 엄마와 저는 남들이 가지지 못한 것을 모두 가졌고, 저희에겐 불행이 끼어들 틈도 없거든요. 그런데 문제는 바로 그거예요. 제 고통은 지나치게 많은 사랑을 받은 거예요. 제가 아주 어렸을 때부터요. 엄마는 저를 쉽게 출산했다고 했어요. 항상 참 고맙다고 했고, 그 고마움을 다 표현할 수 없을 거라고 말했지요.

20분 만에 태어난 저와는 달리, 오빠와 언니를 세상에 나오게 하려고 엄마는 몇 시간 동안 진통을 겪었어요. 그래서 오빠와 언니는 저만큼 사랑받은 적이 없어요. 제가 엄마를 독차지한 것 같았어요. 엄마는 항상 장난기 가득한 제 작은 얼굴을 보면서 이야기했어요. 저는 엄마를 웃게 했고, 엄마는 저를 이해했지요. 저희 사이에는 무언가 통하는 게 있었어요. 엄마는 저를 도와주고, 저에게 조언하고, 저를 안아 주려고 항상 그 자리에 있었어요. 엄마는 지금도 무조건적인 사랑을 주지요. 이런 상황에서 제가 은혜를 모르는 사람이 되지 않으면서도, 제 마음을 솔직히 털어놓으려면 어떻게 말해야 할까요?

엄마가 저를 조금만 덜 사랑했으면 좋았을 거예요. 엄마의 사랑이 깊고, 너무 좋아서 저는 거기서 빠져나오지 못했어요. 엄마는 거미줄에 저를 가둬 놓은 거미 같았어요. 엄마와 너무나도 잘 맞아서 제게 다른 관계들은 무의미했어요. 다른 관계를 맺으려면 슬펐고, 그다지 재미있거나 만족스럽지도 않았어요. 저는 언제나 엄마 이야기를 했어요. 제 친구들이 엄마를 만나면 저보다 엄마를 더 좋아하게 될까 봐 친구들을 집에 데려오지도 않았어요. 저는 연인과도 행복하고 건강한 관계를 맺지 못했어요. 누군가 제게 사랑에 빠지면 저는 답답했고, 숨이 막혔어요. 그를 떠나거나 밀어내야 했어요. 그래서 저를 사랑하지 않는 사람을 사랑했어요. 매우 힘들었지만 적어도 숨은 쉴 수 있었거든요. 그 사람이 저를 떠나면, 저는 정말 당황스러웠고 혼란스러워서 엄마에게 버림받은 아기처럼 우울했어요. 몇 가지 치료법을 시도했지만 효과가 없었어요.

어느 날 심리 상담사를 찾아갔어요. 엄마 이야기를 했지요. 그러다가 어느 순간 엄마 이야기를 더 이상 하지 말아야겠다는 생각이 들었어요. 심리 상담사한테 이런 제 생각을 말했어요. 심리 상담사는 그 뒤로 제가 엄마 이야기를 다시 꺼내면 거기에서 빠져나올 수 있도록 저를 이끌어 주었어요. 점점 엄마와 제 사이는 좋아졌어요. 제가 엄마에게 심리 상담사를 만났다고 말하면 엄마는 이렇게 농담을 했어요. "어쨌든 네가 나보다 그 상담사를 더 사랑하는 일은 없을 거야!"

지금은 엄마 생각을 거의 하지 않아요. 이제는 어떤 공포증이나 의존증도 없어요. 서른아홉 살이 되어서야 한 남자를 사랑했고, 그에게 사랑받는 행복이 어떤 건지 알았어요. 그와 있으면 모든 것이 쉬워요. 그와 저는 대화를 많이 해요. 그는 다정하게 이야기를 잘 들어 주고 정말 친절해요. 그가 일 때문에 외국에 있어서 그럴 수도 있지만 그는 저와 적당한 거리가 있어요. 저는 비로소 자유로워졌다고 생각해요. 20세 때 살았어야 할 삶을 이제야 살 수 있게 되었어요.

지나친 사랑이 어떻게 장애가 될까? 지나친 사랑은 너무 완벽해 상대를 숨 막히게 하고, 그의 삶을 방해한다. 사랑은 상대에게 온 마음을 다하게 한다. 단, 상대가 언제 그 사랑을 필요로 하는지 정확히 알아야 한다. 그렇지 않으면 집착이라고 여겨질 수 있다. 엄마가 딸에게서 떨어지지 않으면 엄마는 딸이 어느 곳에 있든 다 있다. 딸도 엄마를 사랑하지만 숨을 쉴 수 없고, 연인과 친구들을 사랑하기 위한 마음의 여유도 가질 수 없다. 엄마는 딸의 지평선에 있는 것이다. 딸 역시 사생활이 없을 테니 딸도 엄마의 지평선에 있는 것과 같다.

엄마가 적절한 사랑을 주지 않는다며 불평하는 딸들이 많다. 딸이 말하는 적절한 사랑이란 부담을 주지 않는 사랑, 딸이 올바른 자리에 있게 해 주고, 딸에게 충분한 거리를 두는 사랑이다.

### 엄마는 항상 저한테 잔소리를 해요

엄마가 끊임없이 부정적인 말만 한다고 불평하는 딸이 있다. "저희 엄마는 말을 심하게 해요. 그러고는 모르는 척을 해요. 엄마 눈에는 제 머리카락이나 몸매, 행동, 말, 무언가에 항상 문제가 있어요. 제가 아니면 제 아이들이나 남편이 대상이 되지요. 저는 엄마를 보는 게 전혀 기쁘지 않아요. 엄마를 보고 나면 완전히 녹초가 되어 버려요. 제 눈에도 제 자신이 완전히 형편없는 사람인 것처럼 보이지요." 돌봐 주고 보호하는 것. 이것을 잊어버린 엄마가 있다.

딸이 엄마에게 할 수 있는 비난이 있고, 엄마가 딸에게 할 수 있는 비난이 있다. 이 둘은 서로 다르다. 딸은 이제 자신을 놔 달라고 엄마에게 강하게 말한다. 엄마에게서 벗어나기 위해 나쁜 말을 하는 것이다. 그러다 본심은 그게 아니었다면서 다시 서로 잘 지내야 하지 않겠냐고 말한다. 엄마가 딸에게 비난의 말을 할 때도 있다. 물론 그 말이 딸에게 다 나쁜 영향을 주지는 않는다. 엄마는 기준선을 정해 준다. 그래서 딸이 선을 넘는 행동을 하지 않도록 한다. 프랑수아즈(65세)는 딸의 잘못된 행동을 보고 "그러면 안 된다."라고 했다. 듣기 좋은 말은 아니다. 그러나 딸이 '바른길'로 접어들었으면 하는 마음에 그랬다고 생각하면 엄마를 이해할 수 있다. 엄마가 아니라면 과연 누가 이런 말을 해 줄까?

아스트리드(22세)는 프랑수아즈가 정말 애지중지 기른 딸이었다. 아스트리드의 문제는 애인이 인내심을 잃어 가면서 생겼다. 아스트리드는 애인이랑 데이트를 하면서도 친구들에게 전화를 자주 했다. 예전에 사귀던 사람이 만나자고 했다며 저녁식사를 예약 시간이 다 되어서 취소하기도 했다. 아스트리드는 "우리 뭐 할지는 나갈 준비 다하면 그때 봐서 정하자."라고 말하고 한 시간이 넘게 준비한다. 그녀는 친구들에게 아직까지도 애인을 소개하지 않았다.

만일 아스트리드가 지금 만나는 사람보다 더 좋은 사람을 만난다면 어떻게 될까? 그녀는 쉽게 사랑에 빠지는 편이라 충분히 가능한 일이다. 그녀에게 온 세상은 본인의 것이다. 자신은 정말 아름답다! 어릴 때부터 모든 사람은 그녀를 사랑했다. 그러니 앞으로 누구라도 자신을 미치도록 사랑해야 한다고 생각한다.

정말로 좋은 엄마는 딸에게 충고가 필요할 때, 딸의 마음이 다칠 위험을 감수하고서라도 딸에게 충고를 하는 엄마다. 프랑수아즈는 딸에게 뭐라고 말할지 고민했다. 이기적인 딸이지만, 프랑수아즈에게는 그 누구보다 사랑스러운 딸이었다. 그런 딸에게 잘못했다는 말을 하려면 용기가 필요했다. 프랑수아즈는 딸에게 남자 친구는 꼭두각시 인형이 아니라고 설명했다. 예의를 갖추고 그를 존중해야 한다고 부드럽게 말했다. 계속해서 남자 친구를 그런 식으로 대한다면 그녀를 떠날지 모른다고 조심스럽게 말했다. 그러나 아스트리드는 엄마 말을 듣지 않았다.

아스트리드의 애인인 아르투르도 아스트리드에게 바라는 점을 농담을 섞어 가며 친절하게 이야기했다. 그러나 아스트리드는 이해하지 못했다. 결국 아르투르는 그녀를 떠났다. 그녀는 깜짝 놀랐다. 그래서 눈물을 흘리며 아르투르에게 연락했다. 그녀는 아르투르가 자신을 용서할 것이라고 확신했다. 이제까지 자신이 무엇을 해도 싫어한 사람은 없었기 때문이다. 아스트리드는 "나 심리 상담사 만났어."라고 말했다. 이 말은 연인 사이에 한쪽이 잘못을 뉘우치고 있음을 의미하는 주문과도 같은 말이었다. 그러나 이별은 돌이킬 수 없었다. 아르투르는 무관심했다. "심리 상담사를 만났다고? 너와 사귀었던 사람이 말할 때 잘 들었어야지!"

프랑수아즈의 말은 경고였다. 프랑수아즈는 지원군처럼 등장한 사람이었다. 그녀는 딸의 잘못된 행동을 막고 싶었다. 그러나 가끔은 그저 말로 하는 경고보다 더한 것이 필요하다.

이것도 인생이 주는 교훈이다. 인생은 우리가 그 교훈을 이해할 때까지 계속해서 우리에게 교훈을 준다.

프랑수아즈는 객관적으로 바라보며 딸에게 도움이 되는 말을 해 줬다. 그렇지만 어떤 엄마는 딸에게 도움을 주겠다는 생각은 전혀 없이 딸을 공격한다. 이런 비판은 이른바 '건설적인' 비판이 아니라 딸을 망치려는 비난이다.

자신이 지닌 특유의 사고방식 때문에 비난하길 좋아하는 엄마들도 있다. 리즈(61세)의 눈은 레이저 같다. 이상한 건 모조리 찾아낸다. 사람들이 누군가의 파란 눈이 아름답다고 할 때, 리즈는 그 사람의 손가락이 소시지처럼 짧고 두껍다고 한다. 사람들이 누군가의 미소가 매력적이라고 생각할 때, 리즈는 그 누군가가 남에게 잘 보이려 한다고 여긴다. 사람들이 누군가에게 날씬하다고 할 때, 리즈는 그 누군가에게 뼈만 남았다고 한다. 이렇게 비난을 좋아하는 사람들은 자신의 비난을 '유머'라고 칭하며, 여기에 자부심을 갖는다. 이런 엄마에게 자란 딸이 힘들어하는 건 당연하다. 딸이 바라는 엄마는 딸을 망가트리는 엄마가 아니다. 있는 그대로 딸을 자랑스러워하는 엄마다.

딸은 자신이 스스로 성장할 수 있도록, 다른 사람들에게 다가갈 수 있도록 엄마가 힘과 자신감을 불어넣어 주기를 바란다. 엄마조차 딸에게서 그 어떤 장점도 보지 못하는데 딸이 어떻게 힘과 자신감을 가질 수 있을까? 엄마가 딸에게서 아무 능력도 보지 못한다면? 엄마가 딸의 모든 것을 마음대로 판단한다면? 이런 엄마의 비난 속에는 딸이 더 나은 사람이 되는 데 도움이 될 만한 조언은 조금도 찾아볼 수 없다. 잘 보이려고 하면 안 되는 것인가? 아무 말 없이 침묵해야 하나? 잘 보이고 싶은 사람은 원래 그렇게 행동하는 것이다. 도가 지나치고 정당하지도 않은 비난은 기를 꺾어 버리고 삶의 재미를 빼앗는 것과 같다.

미리암(40세)은 다섯 살인 딸이 어느 날 자신에게 했던 칭찬을 떠올렸다. "엄마, 엄마는 용기를 주는 사람이야." 엄마란 이런 사람이다. 우리가 자신감을 갖고 어려움을 극복할 힘이 있음을 느끼도록 하는 이. 삶을 믿는 용기 있는 사람이라고 말해 주는 이다. 우리가 삶을 신뢰하게 된 것은 삶을 통해, 다름 아닌 엄마를 통해 좋은 것들을 많이 받았기 때문이다.

상대를 짓누르는 비난은 그 사람이 자기 주장을 못 하게 한다. 올리비아(38세)는 작은 술이 달린 샹들리에와 베르사유 풍 마루판, 로코코 양식의 거울을 좋아한다. 하지만 올리비아의 엄마는 그녀의 취향이 끔찍하다고 생각한다. 올리비아는 "제가 제 주장을 표현하면, 그게 뭐든지 엄마와 싸우게 되어요."라고 말했다. "저는 거의 마흔이 다 되었지만 지금 막 껍질을 깨고 나온 병아리나 마찬가지예요. 아무것도 아닌 거라도 생각대로 선택하려면 엄마와 수없이 싸워야 해요. 저를 향한 비난과 불만이 섞인 눈과 늘 싸우면서 스스로 날아오르려면 저는 많은 노력을 해야 해요."

엄마가 세상과 사람들, 사회를 지나치게 비난하면 딸은 세상 속으로 비상하지 못한다. 딸에게는 삶, 사람들, 여성으로서 자기 자신을 사랑하고 기뻐할 줄 아는 엄마가 필요하다. 딸은 이것이 엄마의 역할임을 언젠가 이해하게 된다. 찬물을 끼얹는 엄마를 둔 딸일수록 더 그렇다. 그런 엄마의 눈은 그 어떤 것도, 그 누구도 좋게 보지 않는다. 엄마가 자신만의 '비난 여행'을 떠날 때, 딸은 귀가 아닌 마음에 보청기를 꽂고 작동시키는 법을 터득한다. 그리고 엄마의 생각에 더는 신경 쓰지 않는다. 뒤로 물러서서 엄마의 비난이 자신을 향한 것이 아니라고 여긴다. 좋은 생각을 하고, 예전에 받았던 칭찬을 떠올린다. 이것이 엄마의 비난에 맞서는 방법이다. 그리고 훗날 엄마와 관계를 회복하는 데도 지장을 주지 않는다.

제랄딘(26세)은 엄마를 집에 며칠 동안 초대하면서 같이 있는 동안 부정적인 말은 전혀 듣고 싶지 않다고 말했다. 그러자 엄마는 제랄딘에게 슬프면서도 웃긴 대답을 했다. "그럼 우리 무슨 얘기 하지?"

## 싫으면 차라리 솔직하게 말해 주세요

엄마가 말을 하면서 속으로 다른 생각을 하는 것, 앞뒤가 맞지 않는 말을 하는 것, 말하는 와중에 눈은 다른 곳을 바라보는 것. 딸은 이런 것을 싫어한다. 그러나 엄마의 의도는 딸을 보살피기 위해서다. 엄마와 딸이 지나치게 융합하면 딸에게 독이 되기 때문이다. 경우에 따라 말은 기억에 오래 남는다. 따라서 먼저 속으로 생각하고, 딸에게 상처 줄 말은 하지 않아야 함을 알아야 엄마가 되는 것이다. 대부분의 엄마들은 이렇게 노력하면서 안심하고 싶어 한다. 그래서 '완벽한 엄마

되기 설명서'에서 딸에게 긍정적인 효과를 준다고 하는 문장들을 가져온다.

딸이 집에 애인을 데려왔다고 가정해 보자. "우리 딸, 네가 행복한 게 가장 중요해." 엄마의 입은 이렇게 말하지만 눈은 딸의 애인을 잔뜩 노려본다. 어쩌면 이 엄마는 폴처럼 하는 게 더 좋았을지 모른다.

폴(45세)은 열여섯 살인 딸 카미유의 남자 친구가 집에 놀러오는 것을 세 번까지는 아무 말 없이 받아들였다. 그러나 네 번째에는 들어오지 못하게 했다. "안 돼, 더는 카미유를 만나지 마라." 사랑에 빠진 소년은 "왜요?"라고 물었다. 폴은 이렇게 대답했다. "카미유는 너를 만난 후부터 해야 할 일을 제대로 못 하고 있거든!" 이게 존중인가? 그 소년이 불법 침입을 한 것도 아닌데 말이다. 카미유는 엄마에게 반항했지만, 엄마는 자신이 옳다고 했다. "다른 사람을 도와줄 의무는 너에게 없어. 그 아이는 의기소침한 아이야. 너에게도 안 좋은 영향을 줄 거야. 너 자신의 가치를 높이는 거나 더 신경 써. 그게 나을 테니까!"

엄마가 하는 앞뒤가 안 맞는 말 중에는 딸의 몸매에 관한 주제도 있다. 요즘 세대는 말라야 아름답다고 한다. 패션 디자이너 가브리엘 샤넬은 우리는 그렇게 마르지 않았다고 말했다. 여성들은 마치 실처럼 좀 더 말라야 한다는 시대적 요구를 따르기 위하여 자신의 몸매를 관리한다. 엄마와 딸 관계의 특징인 동일시가 여기서도 제 할 일을 한다. 많은 엄마가 딸의 몸매에 신경을 쓴다. 엄마도 딸에게 뚱뚱하다거나 너무 많이 먹는다고 말하는 게 좋지 않다는 걸 잘 안다. 하지만 엄마가 진심으로 딸이 뚱뚱하다고 생각할 때는 어떤 일이 일어날까?

로라(25세)는 엄마의 모순을 잘 알았다. "엄마는 체중에 강박 관념이 있어요. 그래서 뚱뚱한 여성을 사랑하는 사람은 없다고 생각하지요. 엄마 친구 중에 딸이 비만인 사람이 있었는데, 그 딸이 결혼을 했어요. 이렇게 뚱뚱한 여성이 마르고 잘생긴 남자에게 사랑받는다니, 엄마는 믿기 어려워했죠. 저는 이런 말을 평생 들었어요. 그래서 남자를 만날 때도 체중 이야기를 떠올리는 순간이 늘 찾아왔지요. 누군가 저를 사랑하지 않는다면 그건 제가 뚱뚱해서라고 생각했어요. '엄마가 전에 살찌면 사랑받을 수 없다고 말했어요.'라고 엄마에게 말하면 그런 적이 없다고 했어요. 하지만 제가 남자 친구와 헤어졌을 때, 엄마는 넌지시 말했어요. '네가 조금 더 말랐다면, 그가 너를 계속 사랑했을 거라고 생각하지 않니?' 굉장하죠? 남자 친구와 헤어진 지 얼마 되지도 않았는데, 엄마는 저를 위로한다고 이런 말을 한 거예요! 엄마는 실언이라는 것을 깨닫고는 이대로도 예쁘다고 말하더군요. 그러면서 제가 한 입에 너무 많이 먹는 게 문제고, 허리에 군살이 조금 있다고 하더니, 10킬로그램만 빼면 훨씬 더 나아 보일 거라고 덧붙였어요. 엄마는 정말 아쉬운가 봐요! 제가 청소년일 때도 엄마는 저를 날씬해지게 하려고 늘 양배추 수프만 먹게 했어요. 그러면서 이렇게 말했지요. '너도 날씬하니까 좋지 않니!'"

딸은 솔직함을 원한다. 그렇다고 엄마의 생각을 모두 알고 싶지는 않다. 엄마의 역할은 딸을 보호하기 위해 현실을 거르는 것임을 잊지 말자. 늙어 가는 것이 실제 어떤 것인지, 딸이 몰라도 되는 인생의 난관들은 무엇이 있는지를 예로 들 수 있다. 딸에게 상처가 되거나 용기를 잃게 할 비난들도 마찬가지다. 엄마가 현실을 걸러서 말하더라도 진정성이 담겨 있어야 한다. 그렇지 않다면 딸은 엄마가 솔직하지 않음을 눈

치채고, 더는 엄마를 이해하지 못한다. 그러면서 딸과 엄마는 불행해진다. 딸은 자신이 누구인지 정의 내리기 위해 엄마가 어떤 사람인지 알고 싶어 한다. 딸은 가식적인 말보다 고르고 고른 단어들로 표현한 진실을 더 좋아한다. 힘든 상황에 놓였던 내 동료가 생각난다.

교사들이 파업하던 날, 그녀는 교무실로 딸을 데려왔다. 나도 그 자리에 있었다. 그녀는 어린 딸을 맞은편에 앉히고는 딸의 눈을 똑바로 바라보았다. 그리고 딸의 이마 위로 빠져나온 머리카락 한 올을 정리해 주며 이렇게 말했다. "지금은 어려운 순간이야. 엄마도 힘들어. 그러나 잘 정리되도록 뭐든 다할 거야. 그러니까 너는 걱정하지 않았으면 좋겠어. 엄마는 너를 정말 많이 사랑하거든. 다 잘될 거야." 한결 편안해졌을 이 열 살 무렵의 어린 딸을 상상해 본다. 그 무엇도 딸의 일이 아니었다. 엄마는 딸을 돌보았다.

어린이의 눈높이에서 이야기하고, 현실을 부정하지 않되 딸이 알아듣도록 말하기. 이 엄마는 자신이 무슨 행동을 하는지 알았다. 그녀는 아동을 위한 연구 활동 모임GRAPE, Groupe de recherche et d'action pour la petite enfance의 심리학자였다. 무언가 삐걱거리는 일이 생길 때는 깊이 생각해 보자. 문제는 무엇일까? 엄마는 자신과 딸 사이의 다른 점을 보고 놀라기도 하며, 자신이 사랑받지 못하고, 인정받지도 못했으며, 존중도 받지 못했다고 느낀다. 이때 엄마들은 잘 생각해 보아야 한다. 뭔가 잘 안 풀리는데 그게 정확히 무엇일까? 나를 상처 주거나 기분 나쁘게 하는 건 무엇일까? 딸에게 뭐라고 말해야 할까? 이렇게 일차적으로 생각을 거르는 것만으로도 딸에게 전할 메시지에서 거품을 거둬 낼 수 있다. 말의 수위를 조절하면서도 진정성을 해치지 않을 수 있다. 그럴수록 하고자 하는 말의 의미는 더 분명해진다.

엄마는 자신이 마른 몸매에 관한 강박 관념에 사로잡혀 있다고 딸에게 솔직히 말할 수도 있다. 딸도 엄마가 그렇다는 것을 이미 안다. 엄마의 모든 행동과 사고방식에서 다 드러나기 때문이다. 엄마의 속마음을 들어 보자. 엄마가 딸 로라에게 뚱뚱하다고 말한 건 무엇을 암시할까? 엄마도 결국 자신의 엄마를 통해 그렇게 생각하게 된 것 아닐까? 마른 여성들은 오직 말랐을 때만이 스스로 아름답다고 느낄 수 있다. 그래서 마르지 않으면 안 된다는 두려움을 갖게 되었던 것이다. 그러나 멕시코에서 태어난 미국인 정신 분석가 클라리사 에스테스가 쓴 《늑대와 함께 달리는 여인들》이라는 책에 이런 내용이 나온다. 이 책에서 저자는 한 여성이 이 세상 어딘가에 자신처럼 키 크고 살찐 여성들이 있음을 알고 마음이 편해졌다고 이야기한다. 그녀는 더 이상 혼자가 아니었으며, 아름다운 여성의 무리에 속하게 되었다. 이렇듯 아름다움의 기준은 각자가 다르다. 엄마는 딸을 자신의 생각대로 바라봤던 것이다.

엄마는 자신의 의견이 딸에게 안 좋은 영향을 주었음을 알게 되면, 왜 자신이 그렇게 생각했었는지 그 이유를 찾아야 한다. 또한 더는 그 생각을 딸에게 강요하려 해서는 안 된다. 딸의 비판을 타당하다고 느꼈다면 자신의 행동이 어땠는지를 돌아보자. 딸이 본연의 모습일 때 가장 예쁘다는 가식적인 말은 그만하자. 그 말은 딸을 정말로 사랑할 때 해야 한다. 그렇지 않으면 엄마가 딸을 기만한다는 것은 머지않아 드러날 것이다. 올리비아는 이렇게 말했다.

"엄마는 저에게 무조건적인 사랑을 주는 척했지만 거짓이었어요. 엄마는 저희 집 개에게 해 주듯 저를 대했어요. 엄마는 개를 쓰다듬어 주고, 개 앞에서는 약한 사람이 되었지요. 개에게 잘생겼고, 멋있고, 참 귀엽다고 했어요. 개가 사방을 뛰어다니고 짖을 때만 빼고요. 그때 저희 집 개는 착한 개가 아니었어요. 저희 개가 정말 '개'처럼 행동하면 엄마는 못 견뎌 했지요. 저와도 마찬가지였어요. 제가 착한 딸이고 엄마의 이상에 부합할 때는 저에게 지나치리만큼 칭찬을 해 줬어요. 하지만 제가 엄마가 원하는 모습과 동떨어지게 행동하고 제 본연의 모습을 보이면 저를 나쁜 딸이자 앞일이 걱정스러운 아이로 여겼지요."

느낀 것만 말하자. 속이지 말자. 딸은 이를 원한다. 엄마가 어떤 사람이고 또 자신은 어디에서 왔는지 알아야만 하기 때문이다.

크리스틴(58세)의 엄마는 나이 든 노인이며 스스로를 불쌍하다고 생각했다. 그러나 크리스틴은 엄마를 그렇게 생각하지 않았으므로 엄마가 도대체 왜 그런 생각을 가졌는지 궁금했다. 어느 날 크리스틴은 병원에서 우연히 엄마를 보았다. 엄마는 누군가와 즐겁게 이야기를 나누고 있었다. 크리스틴은 이 모습을 멀리서 지켜보았다. 엄마는 정말 활기차 보였다. 그러나 갑자기 크리스틴을 발견하고 나서는 잔뜩 움츠리더니 불평할 게 있다는 듯 우울한 표정을 지으며 슬프고 애처로운 기운을 풍겼다. 크리스틴이 싫어하는 모습이었다. 크리스틴은 마음속으로 '정말 못됐어!'라고 외치는 자신을 상상했다. 엄마가 사람들이 닮고 싶어 할 만큼 훌륭한 사람이 아님을 크리스틴도 알긴 했다. 그러나 이제는 그 생각이 더 확고해졌다.

### 오늘 입은 옷 어때? 화장한 거 괜찮아?

엄마와 사이가 안 좋은 딸들은 "우리 엄마는 내가 실패하기를 바랐어요!"라고 말한다. 카미유(22세)는 엄마에게 "내가 네 나이 때에는 너보다 훨씬 예뻤어."라는 말을 들었다. 동화에나 나올 법한 말이다. 이런 말은 딸의 가슴에 맺힐 수도 있다. 뿐만 아니라 이 말은 엄마가 딸을 보호하고 사랑하며, 딸이 있음을 기뻐하고, 딸과 자신을 동일시하는 역할에서 벗어났다는 것을 뜻한다. 아무리 좋은 엄마라도 아름다운 여성이 된 딸을 보면 속상할 수 있다. 자신은 이제 나잇살 때문에 뚱뚱한데 딸은 날씬하다. 자신의 피부는 주름졌지만 딸의 피부는 잡티 없이 맑고 깨끗하다. 엄마가 자신과 딸을 비교하는 일은 피할 수 없다.

마리안(60세)과 딸인 카린(26세)이 결혼식에 가려고 욕실에서 한창 꾸미고 있었다. 두 사람 모두 속옷 차림이었다. 딸 카린이 엄마를 바라보다가 속마음을 내뱉고 말았다. "엄마, 몸이 왜 이래!" 정말 해서는 안 될 말이었지만 젊은 여성에게 노인의 몸은 충격적이다. 마리안은 나이가 들어 자신이 설 곳을 잃어 간다는 것을 잘 알았다. 딸이 최악의 상황에 정점을 찍는 말을 했다고 느낀 마리안은 딸을 때렸다.

이날 마리안은 엄마가 아니라 상처 입은 나르시시스트였다. 얼굴이 벌게진 딸은 이렇게 덧붙였다. "아직 할 말이 남았어요. 저는 하고 싶은 말의 반도 하지 않았다고요. 제가 다 말해 버리면 엄마는 쓰러질걸요!" 화가 가라앉지 않은 엄마가 대답했다. "그렇게 말하지 마! 나는 쓰러지지 않아! 나는 별일을 다 겪었다고!" 그리고 두 사람은 각자 자기 방으로 들어갔다. 더는 대화하고 싶지 않았을뿐더러 서로를 견딜 수 없었다. 그러나 이런 유의 갈등은 어떤 것도 무너트리지 못한다. 엄마와 딸이 나중에 이 일을 돌이켜 본다 하더라도 그 기억은 흐릿

해질 것이다. 마리안은 딸을 질투하려던 게 아니라 늙어 가는 자신을 보고 슬퍼한 것이다. 이것은 완전히 다른 이야기다.

마리안은 딸 카린이 젊고 예뻐서 실제로는 위로를 받았다. 카린에게서 조금은 자신의 모습을 보았다. 카린은 정말 잘못한 게 없었다. 자신의 딸이며 자랑스러웠다. 마리안은 딸에게 자신의 젊음을 물려준 것이다. 그 후, 마리안은 '나이에 맞는 아름다움을 지니자.'라는 목표를 세웠다. 그리고 조금씩 운동을 시작했다. 마리안은 더 굳건한 사람이 될 것이다.

이처럼 엄마와 딸은 서로 조금씩 경쟁하는 관계다. 하지만 두 사람이 실제로 경쟁을 한다거나 서로를 해치는 것은 아니다. 각자 세대가 다르다. 아빠와 아들 사이도 다르지 않다. 아들은 아빠와 경쟁하면서 성장하고 한계를 넘어선다. 두 사람이 함께 달릴 때 아들은 아빠를 따라잡고 추월하려고 갖은 애를 쓴다. 그러다 아빠가 더는 아들을 따라잡지 못하는 때가 되면 상황은 역전된다. 이 관계가 얼마나 지속될까? 모든 문제가 여기에 있다!

좋은 아빠라면 아들이 건장한 청년이 된 것을 기뻐할 것이다. 아빠는 자신이 '머리 근육을 키웠다'는 농담을 한다. 언젠가 머리도 더는 따라오지 않고 기억력도 예전 같지 않은 날이 오면, 아빠는 지혜로운 노인으로서 지난날의 경험을 내세운다. 그러다 어느 날 정말로 더는 아들과 경쟁할 수 없게 된다. 그러나 둘 사이의 무한한 사랑은 여전히 아빠와 아들이 하나가 되게 해 준다. 아빠는 어리기만 했던 아들이 아빠와 아들 사이에서 벌어지는 전투를 겪으며 제 몫을 다하는 튼튼하고 건실한 청년으로 성장했음을 자랑스러워하며 행복해한다.

엄마와 딸의 건강한 경쟁도 그렇다. 온화하고, 긍정적인 경쟁이다. 두세 살 무렵의 여자 아기들은 엄마처럼 하이힐을 신어 보고, 립스틱을 바르며, 액세서리도 해 본다. 머리를 손질하고 반짝이 매니큐어를 바르는 즐거움도 조금씩 알아 간다. 조금 더 크면 여름 캠프에서 만난 아이를 생각하며 가슴이 두근거린다. 예쁜 원피스도 입는다. 빛나는 딸을 보며 엄마는 외적으로 더 옷에 신경을 쓰게 되고, 화장도 조금씩 달라진다. 이렇듯 모든 긍정적인 관계에는 경쟁이 존재한다. 우리는 어떤 친구에게 있는 그녀의 쾌활함을, 다른 친구에게 있는 지성을, 또 다른 친구에게 있는 확고한 취향을, 또 어떤 친구에게 있는 열정을 높이 산다. 경쟁 관계는 '나는 네가 멋지다고 생각해.'라고 말하는 것이다. 딸이 엄마를 본보기라고 말하는 것이야말로 엄마를 자신이 성장하기 위한 선의의 경쟁자로 대하는 것이다.

반면에 독이 되는 관계에서는 경쟁이 불가능하다. 딸과 경쟁하려고 권력으로 딸을 짓누르는 엄마를 어떻게 상대하겠는가. 그런 엄마는 경쟁을 하는 것이 아니라 관계를 파괴하고자 하는 것이다. 질투만 하는 것이다. 질투는 딸에게 느꼈던 자부심을 잊게 하고, 자신이 딸의 보호자라는 사실도 떠올리지 못하게 한다. 딸도 아무 존경심이 들지 않는 엄마와 경쟁하지 않는다. 힘이 빠진 엄마는 스스로를 희생자라고 여기면서 긍정적인 경쟁을 하려 하지 않는다. 그런 엄마는 오히려 딸을 도망가고 싶게 한다. 딸은 엄마에게 화를 낸다. 마치 이렇게 말하고 싶은 것 같다. "얼른 정신 차려요! 엄마를 자랑스럽게 여기게 해 줘요!"

딸은 엄마가 꿋꿋한 모습을 보이고 올바른 위치에 있을 때 엄마와 경쟁할 수 있다. 엄마가 그런 모습이 아니라면 딸은 불안해진다. 엄마가 딸의 친구가 되길 원하고 딸과 같은 선상에 있으려고 할 때마다 엄마는 우스운 사람이 되는 거나 같으며 딸이 자라는 것을 방해하게 된다. 이런 엄마는 딸보다 성숙해지기를 거부하며 엄마를 향한 딸의 존경심을 앗아 가기 때문이다.

젊음과 아름다움에서 딸보다 뒤처졌다고 해서 엄마로서, 여성으로서 끝났다는 의미는 아니다. 그런 의미여서도 안 된다. 성숙한 여성은 나이가 많더라도 자신을 포기하지 않는다. 유머러스하고, 매력적이고, 우아하며, 나이에 맞게 자신을 돋보이도록 하면서 아름다움을 유지한다. 엄마가 노년을 담담히 받아들이는 것을 보면서 딸도 나이 들어 가는 두려움에서 벗어날 수 있다.

우리는 앞으로 어떻게 해 나가야 할까? 인생을 어떻게 살아 나가야 할까? 엄마와 딸의 관계에서는 어떻게 해야 할까? 이 관계에서 우리가 선택한 것들, 이해한 것들, 또는 아직 이해하지 못한 것들, 이 모든 것을 가지고 우리는 무엇을 해야 할까?

# 03
## 사랑에도 과정이 필요합니다

저는 삶의 기쁨을 향한 진정한 열망을 마음속에 간직했어요.
이 열망은 모든 시련을 이겨 내도록 했지요.
저는 우정과 사랑을 가꿔 나가고,
해가 드는 쪽으로 난 길을 걸어가려고 노력하며,
다른 사람의 좋은 점, 저의 좋은 점을 지켜 나갔어요.
고통을 변화시킬 결심을 한 거지요.
저는 스스로를 위로했어요.
이제 저는 아직 이 단계를 넘지 못한 다른 사람들을 생각해요.

MC 플라비 플라망

엄마와 딸의 관계를 다룬 책들은 모두 화해하기를 권한다. 그러나 화해는 엄마가 엄마의 역할을 해 왔고, 딸이 자신의 정체성을 확립하는 단계를 거쳤을 때에만 가능하다. 딸은 정체성을 확립하면서 주체적인 사람이 되기 위해, 자신이 누구인지 정의하기 위해 엄마에게 맞서고, 자신을 발견하고자 엄마와 거리를 두기 때문이다.

또한 엄마와 딸이 전혀 신뢰할 수 없다면 두 사람은 어떻게 화해할 수 있을까? 딸이 오래 상처 입은 상태였다면? 불안함에서 벗어나고자 수년간 심리 치료가 필요했던 관계라면? 사랑받아 본 적 없어서 연애를 하더라도 항상 복잡한 관계였다면? 그래서 엄마와 화해하기보다 먼저 자신을 돌봐야 한다면?

자신을 최우선으로 생각하고, 가능한 한 삶을 바르게 살아가려면 스스로를 충분히 사랑해야 한다. 어린 시절이 힘들었으면 그때를 돌아보며 내가 받은 것과 내가 줄 수 있는 것 사이에서 적절한 타협점을 발견해야 한다. 딸은 스스로를 나쁜 딸이라고 여긴다. 엄마를 따뜻하게 안아 주지 못했고, 엄마와 잘 통하는 사이가 되지 못했고, 엄마를 용서하지 못했다고 자책한다. 지금 언뜻 보면 아름다워 보이는 엄마와 딸 관계도 그간의 세월을 돌아보면 거짓말처럼 느껴질 수 있다. 엄마에게 다정함을 느꼈던 딸만이 엄마를 안아 줄 수 있다. 엄마가 딸을 편견 없이 받아들일 때 자연스럽게 신뢰도 생긴다.

엄마와 전화 통화를 할 때 "딸, 목소리를 들으니 좋구나!"라는 말을 들으면 자주 전화하고 싶고, 엄마를 보고 싶은 마음이 자연스럽게 든다. 엄마에게 상처가 아닌 사랑을 받은 딸만이 엄마를 사랑할 수 있는 것이다.

### 엄마와 함께 춤을 춰요

베레니스(38세)는 엄마를 사랑하지 않는다는 죄책감을 갖지 않는다. "엄마를 사랑하지 않아서 죄책감이 든 적은 전혀 없어요. 엄마가 아닌 다른 사람, 특히 아빠와 좋은 관계를 맺을 수 있었거든요. 저는 엄마에게 관심이 없었어요. 엄마가 청소를 어떻게 하고 또 얼마나 부지런한지 관심을 가진 적이 없지요. 엄마가 공격적이지 않을 때, 불평하지 않을 때, 이기적이지 않을 때, 저에게 마음을 열 때는 엄마와 잘 지낼 수도 있었겠지요. 그러나 그런 경우는 드물었어요! 엄마한테는 아쉽겠지만 할 수 없지요."

딸과 맺는 관계에 공을 들이지 않는 엄마도 있다. 이런 엄마는 자신을 위한 자리를 달라고 하고, 자신을 사랑해 달라고 한다. 자리를 비웠다가 돌아와서는 자신을 아낌없이 환영해 달라고 하기도 한다. 가족의 생일이나 가족에게 고통스럽고 힘든 일이 생겼을 때는 자리를 비웠으면서, 이제 와서 가족 모임을 하자고 한다.

엄마와 딸의 관계는 매일 단계별로 한 코씩 떠 가는 털조끼와도 같다. 입양아들은 그 말에 더욱 동의한다. "진정한 부모는 낳아 준 부모가 아니라 가슴으로 낳은 부모예요." 딸을 먹여 주고, 위로하며, 딸이 잘했을 때는 박수를 쳐 주고, 필요하다면 따끔하게 꾸짖는 부모가 진짜 부모다. 때로는 어머니, 엄마라는 단어가 아무것도 연상시키지 않을 때가 있다. 그 말 안에 사람이 없기 때문이다! 이것은 돌이킬 수 없다.

　아기, 더 성장해서 소녀가 된 아이는 엄마와 주위 사람들과 관계 맺기를 갈망한다. 성장하고, 자신의 정체성을 확립하고, 사회 규범을 배우고 여성으로서 살아가는 방법을 배우려면 사람들과 관계를 맺어야 하기 때문이다. 어떤 딸은 엄마와 잘 맞는 관계가 되어 받아들여서는 안 될 것들까지 받아들였다고 자책한다. 딸이 엄마의 무리한 요구를 받아들이는 이유는 상식을 벗어나지 않고서는 엄마와 소통할 문이 모조리 닫혀 있기 때문이다. 그 요구를 받아들여야만 엄마에게 사랑받고 엄마를 행복하게 할 수 있기 때문이다. 이러한 딸은 벌받는 것처럼 엄마가 시키는 이상한 일을 해야 하고, 엄마의 화도 받아 주어야 한다. 이 딸은 응석을 부리는 아이가 될 수 없다.

　모녀가 행복한 사이라면 엄마는 딸을 사랑하며 교육자로서 엄마의 역할을 다한다. 딸에게 "늦게까지 노는 건 좋지만 밤 12시가 넘으면 안 돼. 네가 밤 12시가 넘어서 들어오면 엄마는 걱정되거든."이라고 분명히 말한다. 그러나 엄마와 딸이 서로를 힘들어할 수도 있다. 그럴 때는 사랑을 할 수는 있지만 어색하다고 할 수 있는 상황에서만 이루어진다. 이를테면 어린 딸이 엄마처럼 행동하는 상황 말이다. 딸이 사춘기가 되었는데도 자신을 드러내지 않거나, 아빠를 싫어하는 상황도 있다. 또 엄마에게도 친구가 필요한데 딸이 엄마와 절대 떨어지지 않거나, 엄마는 비난만 해 대고 아무것도 주지 않지만 딸이 그런 엄마를 위해 헌신하는 상황도 있다.

모녀 관계는 이를 기초로 해서 형성된다. 그렇다면 성인이 된 딸에게는 엄마가 무엇을 해 줄 수 있을까? 엄마는 딸의 인생에서 자신이 차지하는 자리와 형태는 어떠한지, 타협할 수 있는 것은 무엇이고 타협할 수 없는 것은 무엇인지를 고민해야 한다. 이제 모녀 관계에서는 성인이 된 딸이 주도권을 쥐게 되었다. 이때 딸은 과거를 돌아보며, 엄마에게 정말 함께 춤을 추자고 하고 싶은지 생각해 본다.

── • **소피(50세)의 이야기** • ──

## 죄책감이 들어도 타협하는 게 나아요

저는 엄마가 엄마의 역할을 다하지 않았다고 오랫동안 비난했어요. 엄마와 어떤 관계를 맺을지 고민하는 것이 제 몫이라고 여겼고 계속 걱정했지요. 그러나 지금은 이 관계가 제게 그리 큰 문제는 아니에요. 엄마가 했던 대로 하고 싶지도 않고요. 엄마를 생각하면 온갖 나쁜 말들이 떠오르지만, 그 말들을 퍼붓고 싶지도 않아요.

이제는 엄마가 엄마 역할을 하면 화가 나요. 엄마를 믿어 본다 해도 다시 예전처럼 돌아올 거고, 그럼 저는 또 실망할 거니까요. 저도 딸 역할을 할 수 없어요. 엄마가 제게 정성을 들인 적이 한 번도 없으니, 저도 그렇게 엄마를 대할 수 없지요. 엄마 생신이 다가오면 가끔은 예쁜 선물을 고르러 가고 싶긴 해요. 엄마한테 사근사근하면 정말 좋겠지만 저는 그럴 수 없어요. 가짜라는 게 티가 날 거예요. 잠깐 만족스럽긴 하겠지만 바로 화가 날 거고요. 제가 엄마에게 받지 못했던 것들이 생각날 거예요. 친절함이나 선물 같은 것요. 그래서 엄마에게 전화를 한다거나 신경 쓰는 일은 자제하려 해요.

물론 그에 관해 죄책감을 느끼지요. 그래도 죄책감과 타협하면서 자신에게 최선의 선택을 하는 편이 나아요. 저는 엄마와 제가 무언가를 놓쳤다고 생각해요. 뭐, 저희가 아예 다른 관계를 맺을 수는 있을 거예요. 핏줄로 이어졌지만 공통점은 없는 관계 말이에요. 가끔 살 만한 물건이 없어도 가게에 구경 가는 것처럼, 엄마와 딸 놀이를 해 보자고 할 수도 있겠지요. 그래도 저희는 서로가 진정한 엄마와 딸이라고는 믿지 않을 거예요.

저도 엄마를 부축하면서 엄마가 걷는 것을 도와주고, 그런 우리를 바라보는 사람들의 따뜻한 시선을 받고 싶어요. 엄마와 저는 서로가 연기를 하고 있음을 알겠지요. 저와 엄마는 이제 엄마와 딸이 어때야 한다는 생각은 하지 않아요. 나중에는 후회할 수도 있겠지만 말이에요. 저는 더 이상 울지 않아요. 이런 일로 우는 건 제가 아직 성숙하지 않았다는 뜻이에요.

엄마와 제가 관계의 부담을 내려놨으면 좋겠어요. 그리고 우리가 아닌 다른 데로 눈을 돌렸으면 해요. 저는 다른 딸처럼 사랑스러운 딸은 될 수 없어요.

어떤 딸은 엄마와 잘 맞는 사이가 되는 것도, 더 가까워지는 것도, 엄마에게 자식의 의무를 다하는 것도 원하지 않는다. 딸은 지금까지 이런 생각들이 불편했다. 그래서 약간의 틈도 엄마에게 주지 않기로 한다. 어떤 딸은 무관심해지기도 할 것이다. 예전에 엄마와 딸은 본능적으로 이어져 있었지만, 서로 좋지 않은 일들을 겪으면서 끊어져 버렸다. 딸이 잘해 보려고 하거나 본연의 모습을 보일 때마다 엄마는 비난했고, 가만히 있으라고 하며 딸에게 정신적 충격을 줬다.

가비(48세)는 이런 말들을 기억한다. "이제 그만, 더 이상 엄마는 뽀뽀해 주지 않을 거야!" 아니면 "엄마는 네 친구가 아니야!"라는 말이다. 엄마가 이런 식으로 말하고, 차가운 시선을 보내면 모녀 사이의 문은 서서히 닫힌다. 결국 딸은 엄마와 관계를 맺고 싶다는 희망을 버린다. 딸은 아빠나 다른 사람과 애정을 주고받으려고 돌아선다. 이렇게 성인이 된 딸은 존재도, 감정도 없이 정서적으로 메마른다. 딸은 빈껍데기만 남아 의무감으로 엄마를 대할 것이다.

## 누구나 행복을 찾을 수 있어요

슬픔이 당신의 마음을 깊이 파고들수록,
그 안에 기쁨을 더 많이 담을 수 있다.

칼릴 지브란 《예언자 The Prophet》

딸이 주는 사랑을 밀어내거나 왜곡하는 엄마 밑에서 자란다면 불행이다. 그러면 딸은 성인이 되어도 그 흔적이 자신의 삶에 남아 있음을 알게 된다. 연인도 믿지 못한다. 딸은 엄마에게 거부당하고 크게 실망했다. 모녀 관계에서는 자신을 내어 주는 헌신이 필요하다. 그러나 이를 경험하지 못한 딸은 다른 이에게 자신을 내어 줄 준비가 되지 않았기 때문에 다른 이를 신뢰하는 데 오랜 시간과 많은 인내가 필요하다.

이 딸은 타인을 받아들이거나, 자신과 타인의 균형을 요구하는 법을 모른다. 존중받지 못했으므로 어떻게 행동해야 존중받을지 알지 못한다. 사랑도 믿지 못한다. 행복도 마찬가지다. 좋은 관계에서 오는 행복을 모르는데 어떻게 행복을 믿을 수 있을까? 또한 인간관계의 문이 닫히는 것에 극도로 민감하게 반응한다. 누군가 자신을 사랑하고 싶어 하지 않는 것은 자신이 사랑스럽지 않기 때문이라고 생각한다. 그래서 더욱 집착한다. 더 사랑스러워지려고 한다. 상대에게 관계를 정리할 수밖에 없었던 다른 이유가 있을 거라고는 생각하지 못하고 말이다.

엄마의 사랑은 딸에게 힘과 원천이 된다. 그러나 어떤 딸은 그 사랑을 받는 일이 쉽지 않다. 엄마에게 사랑받는 길은 어려운 여정이다. 싸우고, 결정하며 그 여정을 개척해 나가야 한다. 라이프 코칭 수업을 들었을 때가 생각난다. 수업 시간에 우리가 살면서 겪었던 어려움을 작성했다. 강사는 무조건적인 사랑을 베풀라고 권하던 사람이었다. 그런데 내가 작성한 목록을 보더니 자신의 속마음을 드러내고 말았다. "말도 안 돼, 이 사람은 정말 엄청난 짐을 짊어졌군!" 나는 그의 반응에 기분이 좋지 않았다. 지금은 웃음만 나온다.

나는 사랑받지 못한 딸들이 겪는 부끄러움을 오랫동안 느껴 왔다. 사랑받지 못했다는 부끄러움, 이중적인 나에 관한 부끄러움, 나 자신을 조금밖에 사랑하지 못하는 데 관한 부끄러움이었다. 그러던 중 그 강사가 나에게 공감한 것이다. 내 인생사는 나를 조금은 특별한 사람이 되도록 했다. 나는 할 말이 많았다. 힘든 엄마를 둔 딸들과 누가 더 힘들었는지 이야기하면 늘 내가 이겼다. 나는 언제나 불안했고 두려웠다. 심리상담사를 찾아가 상담을 했지만 내 인생에는 도움이 되지 않았다. 행복이 무엇인지 전혀 몰라서 믿지 않았기 때문이다.

그럼에도 나는 내 안에서 강한 생명력을 느꼈다. 나는 웃기를 좋아했다. 새로운 인간관계를 맺고, 사람들과 만나고 그들을 알아 가기를 좋아했다. 마음속으로 삶을 사랑했다. 이 모든 변화는 나의 아이들 덕분이었다. 나는 아이들을 위해 삶이 주는 기쁨을 진심으로 느껴야 했다. 그리고 아이들이 자라도록 깨끗한 터전을 마련해야 했다. 여기에는 시간도 한몫을 했다. 살다 보면 더는 잃어버리고 싶지 않은 순간이 찾아온다. '행복하길 원한다면 20년 후가 아닌 바로 지금이다!'라고 외치게 되는 순간 말이다. 그렇게 나는 스스로를 치유하고, 내 삶을 선택해 가기 시작했다.

나는 엄마에게 사랑받지 못했지만, 그랬기 때문에 더 행복해질 수 있다고 마음먹었다. 그러니 모든 것이 변했다. 이제는 납이 금으로도 변할 수 있다고 확신한다. 엄마의 사랑을 늘 받아 온 딸은 행복을 손쉽게 찾을 수 있다. 그러나 그렇지 않은 딸도 행복해지겠다고 결심하고 노력하면 행복해질 수 있다. 다른 사람이 말하듯 단번에 행복해질 수 있다.

어떻게 그렇게 될 수 있을까? 답은 자신을 알아 가는 법을 배우는 것이다. 자신을 사랑하는 법, 다시 말해 내 안에 사는 소녀를 발견하는 법을 배우는 것이다. 이 소녀는 겁이 많고, 화를 잘 내는 굉장히 예민한 아이다. 그래서 안정을 찾아야 한다. 동화작가이자 삽화가인 엘즈비에타는 사람들이 자신 안에 있는 아이를 위로하려고 이야기를 만든다는 말을 했다. 내 안에 있는 소녀는 어떻게 위로받을까? 그 소녀를 진정시키는 건 무엇일까? 그 소녀에게 유익한 것은 무엇일까?

'회복 탄력성'이 그 답이라고 할 수 있다. 회복 탄력성이란 최악의 상황에서 벗어나려는 인간의 특별한 능력이다. 심리 상담사들 중에는 힘든 인생을 살아온 사람이 많다. 그래서 다른 사람의 고통에 민감하게 반응한다. 불행을 겪으면서 공감 능력이 발달된 것이다. 아동 심리 상담 교수인 카트린 주셀름은 어린 환자들에게 자신 안에 연금술사의 능력이 있음을 알아차리도록 한다. 납을 금으로 변화시킬 능력을 보게 하는 것이다. "누가 네 마음을 아프게 했니? 너는 어떤 사람이 되고 싶니? 정원사가 되어서 꽃을 자라나게 하고 세상을 더 아름답게 하는 건 어떨까. 정말 멋질 거야!"

자신이 운이 좋다고 생각하는 마르조리(31세) 같은 딸도 있다. 마르조리의 엄마는 그녀를 '태어났을 때부터 힘든 아이'로 여겼다. 마르조리의 머리카락이 빨갛다고 비난했고, 열한 살밖에 안 됐는데 벌써 근시가 생겼다고 비난했으며, 아직까지도 마르조리의 눈이 너무 커서 보기 싫다고 말한다. 마르조리의 지원군은 아무도 없었다. 그러나 마르조리는 엄마의 비난에서 벗어나기 위해 자기 내면에 집중했다. 자신이 원하는 대로 인생을 설계했으며, 명상이나 조깅처럼 자신에게 잘 맞는 활동을 찾았다. 우리는 자신의 재능, 열정, 장점 중 무엇을 발전시킬 수 있을까? 이를 찾아 가꿔 나가자. 자신보다 중요한 사람은 없다. 스스로 행복을 찾아보자.

### 자신을 용서해야 나아갈 수 있어요

엄마와 딸이 힘든 사이일 때는 서로 싫다는 감정을 표현한다. 그럴 때 엄마는 딸이 귀찮다. 딸은 지나친 걱정거리를 안기고 자신을 비난하기 때문이다. 은혜를 모르고, 엄마에게 반감만 가득하다. 이 딸은 스스로 자신을 깎아내린다. 엄마는 마음이 아파 딸을 포기할 지경까지 와 있다. 그러면서도 이런 마음을 먹다니 정말 잘못했다고 생각한다. 그러나 엄마는 자신을 용서해야 한다. 딸과 맺는 관계에서 무언가 실패했다는 생각이 들더라도 자신을 용서해야 한다. 그저 흐름이 안 좋았거나 대화가 통하지 않았던 것뿐이다. 어떤 엄마는 지나치게 자책한다. 그러나 자책도 모성에서 나온다.

나쁜 엄마는 죄책감도 느끼지 않는다. 그런 엄마는 나쁘고 은혜를 모르는 사람은 자신이 아닌 딸이라고 생각하기 때문이다. 모성이 없는 엄마가 나아지기는 힘들다. 모성을 가진 엄마들은 자신을 용서해야 한다. 누구나 실수하듯 엄마도 당연히 잘못할 때가 있다. 엄마는 최선을 다했고, 그러다 실수를 했을 뿐이다.

시간을 되돌릴 수는 없다. 지금 딸에 관해 알게 된 사실들을 그때도 알았더라면 예전과 다르게 대했을 텐데, 하고 안타까워한다면 엄마가 자신과 화해하는 것이다. 마음속에 밀어낼 수 없을 만큼 단단히 자리한 딸에게 깊은 사랑을 느끼면 결국 자신을 용서하는 것이다. 엄마도 실망할 수 있고, 화를 낼 수 있으며, 딸이 보기 싫을 수 있다. 동시에 딸을 정말 사랑해서, 딸을 돕는 일이라면 뭐든지 할 수 있고, 두 팔로 딸을 품어 줄 수 있다. 엄마는 이런 마음이 있다고 느낄 때에야 비로소 자신을 용서할 수 있다.

자신을 용서하는 일은 딸에게도 필요하다. 어린 시절 엄마에게 종속되어 본연의 모습으로 살지 못했던 자신을 용서해야 한다. 어른이 되었지만 비틀어진 어린 시절에서 벗어나지 못했던 자신을 용서해야 한다. 행복과 사랑을 경험하지 못해서 이를 믿지 않았던 자신을 용서해야 한다. 스스로를 괴롭히며 시간을 낭비한 자신을 용서해야 한다. 맹목적으로 사랑하다가 얼음장처럼 냉정하게 대했다면, 엄마에게 이렇게 극과 극에 달하는 감정을 느끼도록 했던 자신을 용서해야 한다.

여기서 딸은 잃어버린 시간이 행복을 얻기 위한 시간이었음을 알아야 한다. 나쁜 일을 겪었을 때야 비로소 좋은 것의 가치를 제대로 볼 수 있다. 이 잃어버린 시간은 다른 사람들과 진정한 관계를 맺을 수 있었던 시간이기도 했다. 이 시간을 통해 자신만 생각하는 게 아니라 다른 사람을 생각하는 마음을 갖게 되었기 때문이다. 또한 딸이 아닌 엄마로서 자신의 딸과 좋은 관계를 맺는 데도 도움이 되었다. 우리는 사랑을 받지 못해 힘들었다면, 그 일을 대물림하지 않는다. 이제 딸은 자신의 아이에게 어떻게 해야 하는지 잘 안다. 그녀는 자신의 아이에게 다정하게 대하고 관심을 쏟아, 그 아이가 기쁨을 느낄 수 있도록 해 줄 것이다. 또한 아이와 타협할 수 있는 것은 타협하되, 그럴 수 없는 것은 엄격히 선을 그을 것이다.

### 자유로운 삶에서 더 큰 기쁨이 찾아와요

중요한 것은 사람들이 우리를 어떻게 대했는지가 아니다.
이를 바탕으로 우리 스스로가 어떻게 행동했는가이다.

장 폴 사르트르

자신을 꽃피우려면 자신이 누구인지 알아야 하고, 자신

이 어떤 성격인지 정의하는 법을 배워야 한다. 여기 거짓말 못 하는 두 가지 지표가 있다. 몸과 에너지다. 우리의 몸, 우리의 감정이 말하는 것은 무엇일까? 나는 행복한가, 불행한가? 편안한가, 불편한가? 우리 몸은 우리가 한쪽을 선택하게 이끌어 준다. 그렇다면 에너지는 어떨까? 무언가를 하고 싶거나, 누군가를 만나러 가고 싶어서 서두를 때가 있다. 이때는 보통 그 활동이나 그 사람이 잘 맞는 것이다. 우리에게 활력과 에너지를 주고 생명력을 채워 주는 것들에 "예."라고 대답하며 이를 더 잘 받아들이기 위해서 그렇지 않은 것을 거절하는 법을 배우자.

### 엄마와 딸의 비난은 무엇을 의미할까?

엄마와 딸 사이에는 비난이 오간다. "나는 그런 말 한 적 없어! 나는 그렇게 한 적 없어!" 무섭게 비난하며 엄마는 자신을 방어하고 딸은 의심한다. 각자 반박하고 마음의 문을 닫는다. 골은 더욱더 깊어진다. 두 사람 모두가 옳은 것은 아닐까? 같은 풍경을 앞에 두고도 누구는 북쪽에 있고 누구는 서쪽에 있다면? 엄마와 딸은 같은 것을 보지 못할 것이다. 서로 관점이 다르기 때문이다.

딸은 엄마와 관계 맺기가 힘들었다고 비난한다. 엄마가 부족했고, 무언가를 제대로 가르쳐 주지도 않았기 때문에 상처 입었다고 비난한다. 반면에 엄마는 딸에게 모든 것을 주었다고 말한다. 딸에게 모든 것을 물려주려고 노력했다고 한다. 엄마는 진심이다. 그녀는 자신의 행동이 다 딸이 잘되었으면 하는 좋은 의도에서 비롯되었다고 한다. 딸은 상처받았다고 하지만 엄마는 선의로 한 행동이라는 것이다. 이것이 엄마와 딸이 서로를 이해할 수 없는 이유다. 사람은 공격당했다고 느꼈을 때 더욱 스스로를 보호하려고 한다. 그러나 혼자 괴로워만 하면 어떤 것도 명확해지지 않는다. 괴로움에서 벗어나 자신을 바라보면 어떨까? 우리는 스스로를 알아 가는 과정을 통해서 엄마나 딸에게 했던 비난을 보다 정확히 바라볼 수 있을 것이다. 비난은 우리에게 무엇이 필요한지를 표현하는 것이다.

엄마나 딸이 서로를 믿지 못하는가? 그렇다면 신뢰가 필요하다. 엄마나 딸이 모든 것을 비난하는가? 긍정적인 사고방식이 필요하다. 엄마나 딸이 항상 불평을 하는가? 그렇다면

> 자신의 속내에 귀를 기울이지 않는 편은 아닌지 살펴보자. 만일 그렇다면 이게 자신의 장점이라고 생각하는지도 모른다. 엄마나 딸이 하루 종일 아무것도 하지 않는가? 함께 활동해야 한다. 엄마나 딸이 한 번도 안아 주지 않았는가? 스킨십이 필요하다. 이러한 과정을 통해 모녀 사이의 신뢰를 회복해야 한다. 신뢰가 있다면 그 어떤 힘든 관계도 우리에게 긍정적인 것이 될 수 있다. 그 관계가 우리가 성공적인 인생을 사는 데 강점이 될 수 있는 것이다.

　우리는 모든 영역에서 나만의 방식을 만들어야 한다. 어떤 스타일의 옷을 좋아하는지, 어떤 음식을 좋아하고, 어떤 활동을 좋아하는지, 또 어느 정도의 포부를 갖고 일하는지 자신만의 방식을 생각해야 한다. 인간관계를 맺는 방식은 어떤지도 알아야 한다. 무리를 지어 사람을 사귀는지, 개인적으로 몇 명의 사람하고만 깊은 우정을 다지는 편인지, 아니면 많은 사람을 넓게 사귀는 편인지 말이다. 또한 누구나 이타주의적인 면모가 있으므로, 스스로 쓸모 있고 좋은 사람이라고 느낄 때는 언제인지도 알아야 한다. 뿐만 아니라 자신의 취미도 알아야 한다. 자신에 관해 알아야 하는 것은 수없이 많다.

엄마는 딸이 걸어갈 길에 관해 꿈을 가지고 있다. 그렇지만 딸이 과연 그 길을 갈까? 딸은 엄마를 실망시키고 싶어 하지 않는다. 그래서 엄마가 짜 놓은 틀이 가끔 자신과 전혀 맞지 않을지라도 그 안으로 들어간다. 딸은 아이가 없는 독신 생활을 더 편안해하지만, 가정적인 엄마는 손주와 보내는 시간을 꿈꾸며 딸에게 아이를 낳았으면 좋겠다고 한다. 그러면 딸은 엄마를 위해 아이를 낳는다. 또래 친구들과 어울리는 것이 더 좋지만 엄마와 친구가 되는 딸도 있다.

물론 엄마가 그어 놓은 길이 올바른 길일 수도 있다. 엄마가 소통하는 방법, 여성으로서 행동하는 방법은 딸에게도 맞을 수 있다. 모녀 관계에서 딸은 엄마를 삶의 예시로 여기고 그대로 따라 하거나 거리를 둔다. 여기서 딸의 목표는 '자신'의 삶을 사는 것이다. 스스로 '편안하다고' 느끼는 삶을 사는 것이다.

엄마와 딸이 같은 생각을 가지고, 취향과 사고방식, 인생의 길이 비슷할 때는 모든 것이 쉬워진다. 엄마와 딸의 꿈이 일치한다. 엄마는 손주를 바라고, 딸은 엄마가 되고 싶다. 엄마는 딸이 엄마 곁에서 살기를 원하고, 딸도 자신이 자란 그 동네가 좋다. 엄마는 딸이 어린 시절을 보낸 그 집에서 아직 산다. 딸은 그곳에서 몇 킬로미터 떨어지지 않은 곳에 살아 정말 기쁘다. 엄마는 미용사다. 딸은 직업적인 사명감이 있기도 하지만 엄마의 유산을 잇기 위해 미용사가 되었다. 모든 것이 좋다!

그러나 이 두 개의 바늘이 서로 맞지 않는 경우가 많다. 딸이 엄마를 닮고 싶어 하지 않는 것이다. 엄마와 자신은 분명히 다르다고 느끼기 때문이다. 딸은 엄마가 준비한 틀 안에 들어가려고 노력하지만, 꽉 조이고 잘 맞지 않는 원피스를 입은 것처럼 불편하다. 엄마는 사위를 마음에 들어 하지만 자신은 남편을 좋아하지 않는 경우도 있다. 자신은 그다지 원하지 않았지만 엄마가 춤추는 것을 좋아해 힘들어도 무용을 하기도 한다. 엄마가 자신의 기쁨을 나누려는 일은 정상이다. 하지만 엄마의 기쁨이 딸의 기쁨이 아닐 때는 거기서 거리를 두는 것도 바람직하다.

정신 분석 학자 칼 구스타프 융은 "살아가는 기쁨은 그 어디에도 얽매이지 않는 데서 온다."라고 했다. 돌토는 "엄마가 그어 준 길에서든, 그 길 밖에서든 딸은 자기 자신이 되어야 한다."라고 말했다. 딸이 어렸을 때는 엄마에게 물려받은 것을 통해 성장했다. 하지만 그 후에는 엄마에게 받은 이 유산을 자신의 방식대로 어떻게 접목시킬 수 있을지를 스스로에게 물어야 한다. 이것은 인생의 과업이자 딸이 자신의 방식을 찾아가는 정당한 작업이다. 딸을 위해 여기에 관여하지 않는 엄마가 이상적인 사람이다. 그렇다고 딸에게 거부당했다고 생각하거나 서운해해서는 안 된다. 지나치게 딸을 걱정할 필요도 없다.

**살마(38세)의 이야기**

이 감옥에서 벗어나기 위해 싸웠어요

저희 엄마는 시골 사람이에요. 엄마는 젊은 시절을 튀니지에서 보냈고 가정부로 일했어요. 프랑스에는 아빠가 먼저 왔고, 그 후 제가 다섯 살 때 저희 가족은 아빠를 따라왔어요. 엄마는 끝까지 이곳에 동화되지 못했어요. 사람들이 하는 말을 지나치게 두려워했지요. 딸들에게 공부를 시킨다고 이웃의 질투를 살까 봐 걱정했어요.

엄마가 생각하는 여성이란 예뻐야 하고, 화장도 잘하고, 옷도 잘 입어야 하며, 적절한 때에 결혼을 하고, 한 명의 남자와 평생을 살고, 아이들을 잘 키우며, 요리와 살림을 잘해야 하는 사람이었지요. 물론 남자아이들은 좀 더 자유로웠어요. 저는 부당하다고 생각했지만요. 저는 엄마 때문에 젊은 시절을 망쳤다고 생각해요. 운동을 할 권리도, 대학생 때 친구들과 놀러 갈 권리도 없었어요. 하물며 연애를 할 권리는 더더욱 없었지요. "네가 그러고 다니면 이웃사람들이 뭐라고 하겠니?" 저는 이 감옥에서 한시도 편한 적이 없었어요.

저는 제 삶을 살기 위해서 모든 것을 걸고 싸웠어요. 엄마는 속을 태우며 걱정했지요. 그러나 언니 걱정은 하지 않았어요. 언니는 엄마와 같은 길을 가고 있었거든요. 엄마에게 저는 반항아였어요. 집회에 참여하고 싶어 하는 사람, 제 또래 모든 여자애들이 그러하듯 제 자신을 위해서만 살아가는 사람이었어요.

가족들의 압력에 못 이긴 저는 25세에 결혼을 약속했어요. 부모님의 기준에 따르면 그 사람은 '정직하고 선한 이슬람인'이었지요. 저는 대학교에서 그 남자를 처음 만나 4년 동안 알고 지냈어요. 처음에는 여성을 위하는 사람처럼 보였지만 알고 보니 엄마 치마폭에 싸인 사람이더군요. 엄마에게 순종했던 그는 저도 그에게 순종하길 바랐어요. 시청에서 결혼할 날이 다가오자 저는 눈물만 났어요. 남자를 사귄 경험이 없었기 때문에 첫 남자 친구였던 그 멍청이가 제게 다가왔을 때 저는 그를 좋은 사람이라고 생각했던 거예요.

하루하루가 재앙이었어요. 저는 엄마 때문에 이런 일이 생겼다며 엄마를 비난했어요. 엄마는 제가 잘되길 바라는 마음으로 한 거라고 했어요. 결국 저는 그 남자와 헤어졌어요. 지금은 정말 사랑하는 사람과 살고 있어요. 저는 그 사람이 어떤 종교를 가졌는지 따져 보는 것 자체가 우습다고 생각해요.

엄마는 세상이 변했다는 것을 알지 못해요. 요즘 남자들은 결혼할 때 여자가 요리를 할 줄 알아야 한다고 생각하지 않아요. 이렇게 된 지 정말 오래되었어요. 남자도 여자만큼 요리를 할 줄 알기도 하고, 퇴근하는 길에 저녁으로 초밥을 사 가면 되거든요. 저는 엄마에게 늘 이렇게 말하지만 엄마는 제 말을 이해하지 못해요. 제가 인생을 망칠까 봐 걱정하지요. 엄마 세대에는 지금 저처럼 행동하면 인생을 망치는 것이었거든요.

제가 엄마에게 늘 하는 말은 "엄마, 마음 편하게 먹고 긴장하지 말아요! 다 잘될 거예요!"랍니다. 전에는 자유를 빼앗겼다는 생각 때문에 엄마의 결점만 보였어요. 화가 정말 많이 나서 객관적으로 볼 수 없었던 거지요. 심리 치료를 받으면서 제가 엄마에게 어떻게 해야 하는지 이해하게 되었어요. 제게 웃는 법과 수영하는 법, 과자 만드는 법을 가르쳐 준 사람은 엄마예요.

지금은 엄마에게 좀 더 따뜻하게 대해요. 관계가 전보다 더 부드러워졌어요. 엄마는 제가 어릴 때 자신이 너무 몰랐다며 자책해요. 그리고 저더러 일을 좋아하니 직업을 가지라고 권해요. 웃고 춤추는 걸 좋아하는 저에게 즐겁게 살라고도 해요. 그리고 제가 제 자신이 되기 위해서 싸워 온 점이 자랑스럽다고 말해요.

이제 엄마는 다른 사람에게 이렇게 말할 거예요. "엄마는 아이들이 행복하기를 바랍니다. 그러면 나머지는 어찌 됐든 상관없어요." 만약 제가 딸을 낳는다면 저도 똑같이 말해 줄 거예요. "너 자신이 되거라! 삶이란 웃고, 일하고, 자기 자신을 넘어서는 거야. 너는 너 자신이지, 그 누구도 아니란다."

많은 딸들이 살마처럼 자신의 방식대로 살기 위해 싸워야 한다. 행복하기 위한 방법은 단 한 가지다. 배의 키를 손에 쥐고, 모든 면에서 매일 조금씩 자기 주장을 해 나가는 것이다. 유머스러운 소피아(33세)는 '작은 전쟁'은 없다고 말한다. "스스로 주방 세제를 고르고, 엄마의 옛날 방식과 이별하면서 저는 자유로워졌어요!"

### 엄마로서, 딸로서 의무는 다할 거예요

모녀 관계는 딸에게 어떤 좋은 점을 줄까? 살마처럼 엄마에게 자신을 이해시키고, 엄마에게 다가가기 위해 싸울 마음과 에너지가 딸에게 남았을까? 엄마를 향한 딸의 사랑은 딸이 어른이 되면서 식어 버릴 수도 있다. 엄마도 잘 안다. 딸이 어린아이였을 때는 엄마에게 무엇이든 요구할 수 있었다. 그리고 딸이 어른이 되면 엄마와 관계를 맺을지 끊을지 선택할 수 있다. 이 관계가 끊어지지 않으려면 서로에게 기쁨을 주는 관계여야 한다.

엄마와 관계를 지속하는 일은 자식의 의무라고 주장하는 사람도 있다. 그러나 이 주장은 딸과 관계를 지속하는 것이 엄마의 의무였던 때에만 성립하는 주장이다. 지금은 이 주장이 받아들여지지 않는다. 이제는 날을 잡고 의무적으로 모여 가족 식사를 하는 경향도 점점 사라지고 있다.

어떤 엄마는 딸에게 은혜에 보답해야 하는 것 아니냐고 말하며 죄책감을 심어 주려고 한다. 안 좋은 전략이다. 딸은 그런 엄마를 만나지 않을 구실을 찾는다. 엄마를 보러 가더라도 마지못해 간다. 엄마에게 전화를 하더라도 별말 하지 않는다. 딸은 남편 뒤에 숨는다. 남편이 장모님 집에 가는 것을 내켜 하지 않는다거나 요즘 일이 많다고 핑계를 댄다.

딸이 엄마를 보고 싶게 하는 것은 무엇일까? 함께 있을 때 느끼는 기쁨이다. 딸에게 기쁨을 주는 재료는 늘 같다. 불안하게 하지 않는 관계, 판단하지 않는 관계, 힘을 북돋아 주는 친절함, 엄마가 딸을 걱정하고 있음을 보여 주는 배려다. 딸의 삶은 어떤지, 잘 지내는지, 어떤 생각을 하고 무엇을 느끼는지 관심을 가지는 것이다. 딸의 기분이 좋으면 엄마도 만족한다. 그러나 이와 다른 의무적인 관계 속에서 안정을 찾는 딸도 있다. 이런 딸은 자식의 의무를 중시한다. 엄마는 그렇게 훌륭하지 않았지만, 자신은 훌륭한 딸이 되고 싶기 때문이기도 하다.

―――――― • **라셀(48세)의 이야기** • ――――――

딸로서 의무는 다했어요

엄마를 보러 갈 때 '나는 지금 선행을 하는 거야.'라고 생각하곤 했어요. 그러면 기분이 좋아졌어요. 저는 엄마에게 사랑을 많이 받지 못했지만 그래도 엄마를 보러 갔어요. 이렇게 나 엄마에게 잘하다니 저는 멋진 딸이에요! 이런 생각은 저를 정말 열정적인 사람이 되게 했어요. 엄마와 맺는 관계까지도 모두 변화시켰다고 말할 수 있어요.

예전에는 많이 힘들었어요. 엄마를 보러 가고 싶지 않았거든요. 지금도 엄마는 제 머리 모양이 이상하다고 하고, 제가 늦게 왔다고 타박해요. 엄마가 아무리 그러더라도 저와는 전혀 상관없다고 생각해요. 저는 엄마의 안부를 묻고, 심부름을 하고, 엄마 생신 선물을 사러 다니고, 어버이날에도 축하를 하는 훌륭한 딸이거든요. 이보다 더 잘할 수는 없어요!

엄마에게 잘하면서 저는 적어도 엄마처럼 행동하지는 않았다고 생각하기도 해요. 엄마를 닮으려면 저에게 관심 없던 엄마처럼 저도 엄마를 신경 쓰지 않아야 할 거예요. 사실 저는 제가 스스로 원하는 모습이 될 때마다 점수를 줘요. 저는 유다인인데요. 율법(토라)의 관점에서 어떻게 하면 엄마를 공경할 수 있을지, 제가 선택한 인생을 살면서 엄마에게 신경 쓰는 비중이 얼마만큼이어야 할지 생각해요.

엄마와 함께 있을 때는 엄마를 사랑할 수 없어요. 엄마는 냉정한 사람이라서 저를 의기소침하게 하는 기술이 있거든요. 하지만 엄마와 멀리 떨어져 있으면, 허리는 굽고, 몸은 왜소해진 채 더는 식욕도 없는 이 작은 부인을 떠올리려고 노력해요. '가사를 잊지 마세요'라는 노래방 프로그램을 보면서 운동화를 신고 박자를 맞추는 엄마의 발을 떠올려 봐요.

지금 제 모습은 다 제가 살아온 인생에서 비롯되었어요.

저는 엄마를 닮고 싶지 않았어요. 그래서 다른 관계에 더 마음을 열었던 것 같아요. 저는 다른 여성은 어떤 생각을 하는지에 관심을 가졌어요. 제가 만났던 모든 여성은 저에게 자양분이 되어 주었어요. 저는 그 사람들을 존경해요. 예를 들면 고등학생 1학년 때 만난 프랑스어 선생님처럼 도덕적인 사람이 되고 싶었고요. 제 친구들의 엄마처럼 맡은 바 책임을 다하고 싶었어요. 또 연수생 때 만났던 팀장님처럼 투철한 직업 정신을 가지고 싶었고, 가장 친한 제 친구처럼 매력적이고 싶었어요. 제 이모처럼 우아해지고도 싶었어요. 이런 사람들은 제 인생에 계속 있었어요. 제가 엄마를 사랑했더라면 엄마처럼 되고 싶었을지도 모르지요.

어떤 친구가 제게 가볍게 말하더라고요. "나는 메릴린 먼로가 되고 싶었지만 아녜스 바르다●도 되지 못했어." 저는 제가 엄마와 다른 삶을 살아 나가면서 진정한 제 자신이 될 수 있었다고 믿어요. 다 제가 우러러봤던 여성들 덕분이지요. 제 자신만의 인생을 가질 수 있었기 때문에 저 스스로 운이 좋다

---

● 페미니즘을 주제로 한 영화를 주로 제작하는 영화 감독. — 역자 주

는 생각이 들어요.

그녀는 엄마를 공경하고 자식의 의무를 다하면서 훌륭한 딸이 되었다는 기쁨을 느꼈다. 그러면서 자신이 받은 것보다 더 잘하는 좋은 딸이라고 느꼈다. 어느 정도는 맞다. 그러나 엄마와 맺은 관계가 더 나아지려면 엄마와 자신 사이에 쌓인 불행과 갈등을 없애야 한다. 서로 춤을 추다 엉켜 버린 스텝을 고쳐야 한다. 엉망이 되어 버린 이 관계의 터전을 깨끗이 치우려고 해야 한다.

### 우리 맞춰 나가 볼까요?

일반적인 인간관계뿐 아니라 엄마와 딸 관계에서 문제는 결국 서로 간의 차이다. 이 차이는 두려움을 유발한다. 서로 멀어지는 것에 관한 두려움, 이 차이가 더 커질 거라는 두려움, 상대가 나를 자신의 잣대로 판단할 거라는 두려움, 더는 사랑받지 못한다는 두려움, 서로 간의 차이가 너무 뚜렷해져 딸이나 엄마를 잃게 될 거라는 두려움. 그렇다고 두려움을 감춘 채 지낼 수는 없다. 차이 때문에 상대를 대하기 힘들어하고, 상처받으며, 놀랐다는 속내를 털어놓지 않는다면 엄마와 딸은 서로 대화조차 하지 못하게 될 것이다. 서로 간의 간극은 종잡을 수 없을 정도로 여기저기에서 나타나기 때문이다.

엄마와 딸은 생활 방식, 가족 형태, 연인 관계, 교육, 인생, 여성성, 종교, 정치, 취미, 우정, 환경, 옷 입는 스타일 등 여러 가지가 다르다. 외출을 즐기는지 집에 있는 걸 좋아하는지, 야망이 있는지 지금 이 상태로 만족하는지, 도시 생활을 좋아하는지 전원생활을 좋아하는지까지도 서로 다르다. 이 차이는 모든 인간관계에서 나타나고, 엄마와 딸 사이에서도 생긴다.

엄마는 딸을 자신의 분신이라고 생각한다. 딸도 엄마가 자신을 이해할 것이라고 믿는다. 그러나 그렇지 않다. 어렸을 때 딸은 '엄마를 남몰래 지켜보며' 엄마와 똑같이 하려고 했을 테지만 이제는 그렇지 않다. 엄마는 이런 딸을 보며 놀라거나 최악의 경우에는 실망한다. 잔느는 이렇게 설명한다. "저와 제 딸은 서로 굉장히 비슷한 감정을 느껴요. 그래서 저는 항상 딸이 저랑 똑같이 반응할 거라고 생각해요. 제 딸과 제가 한 몸이라고 상상하지요. 제가 안 좋다고 느끼는 게 있으면 딸도 그럴 거라고 짐작해요. 제가 좋다고 느끼는 것은 딸에게도 좋은 거고요. 그러나 딸이 제 생각대로 반응하지 않고, 저에게 필요한 것을 딸은 필요 없다고 하고, 또 제가 찾은 답과 같은 답을 원하지 않을 때가 있어요. 그러면 저는 깜짝 놀라요. 저와 딸은 서로를 이해하지 못하는 거예요."

요즘 엄마들은 딸을 자신과 다르게 키운다. 공동체와 사교 모임의 비중이 약해지면서 개개인 간의 또 세대 간의 유사성은 점점 줄어든다. 1세기 전만 해도 여성들의 모습은 거의 똑같았다. 그 당시 엄마는 집안 살림을 잘하는 방법과 좋은 엄마, 좋은 아내가 되려면 어떻게 해야 하는지 그 방법을 딸에게 전수해 주었으며, 주일에는 성당에 가야 한다고 알려 주었다. 요즘 엄마들은 스스로 자기 자신이 될 수 있도록 딸을 기른다. 어떻게 보면 기회다. 하지만 '자기 자신'이라는 말 안에는 여러 가지 모습이 있다. 이 사회에서 여성으로 살아가는 방법은 수없이 많으며, 우리 앞에는 수많은 선택이 놓여 있다!

요즘 딸은 예전과는 다르게 성장한다. 그리하여 엄마가 어렸을 때는 받지 않아도 되었던 영향 속에 놓인다. 엄마가 딸의 소질을 키워 주고자 과외 활동을 하도록 했다면 딸은 선생님에게도 영향을 받는다. 또한 친구들과 쌓는 우정도 중요하다는 말을 들을 테니 딸은 친구들과 지내면서도 영향을 받는다. 어쩌면 친구들에게 받는 영향이 가장 크다. 요즘은 부모가 아니라 SNS에 의견과 조언을 구하기도 한다. 이처럼 풍족한 관계 속에서 딸은 순식간에 엄마가 도무지 알 수 없는 대상이 된다.

딸과 생기는 이 차이와 마주하면 엄마는 위협받는다고 느낀다. 이 차이를 엄마에게 반대하기 위한 것이라고 생각하는 것이다. 어떤 엄마는 자신이 원인을 제공했다고 느끼고, 딸을 잃을지도 모른다는 잘못된 두려움에 빠진다. 역설적이게도 딸에게 엄마와 거리를 두어도 된다고 했던 엄마일수록 더 그렇다. 공부를 많이 하지 못했던 엄마는 딸이 공부를 계속하기를 바랐다. 결혼 생활이 성공적이지 못했던 엄마는 딸은 아름다운 결혼 생활을 하기를 바랐다. 엄마는 자신이 받지 못했던 사랑과 자유를 딸에게 주었으며, 자신이 누리지 못했던 가능성들을 딸이 누리길 원했다. 하지만 이제는 자신이 만든 딸과의 거리를 확인하면서 두려워한다. 자신과 지나치게 다른 딸을 만들었다고 생각하는 것이다.

작가 아니 에르노는 노르망디의 작은 마을 이브토에서 카페 겸 식료품점을 운영하는 부모 밑에서 태어났다. 그녀의 작품은 엄마와 딸이 너무 다른 환경에서 살게 되면서 서로를 이해하지 못하는 상황에 주목한다. 이와 유사한 환경에 놓인 아빠와 아들을 다룬 영화도 있다. 리 다니엘스 감독의 영화 〈버틀러: 대통령의 집사〉다. 이 영화는 환경과 세대의 논리가 무엇인지 잘 보여 준다.

엄마와 딸 사이에 차이가 나타난다고 해서 엄마가 딸에게 무심하게 대해야 할까? 자신감 있는 엄마는 이렇게 생각하지 않는다. 자신감 있는 엄마는 자신을 믿고, 그동안 딸과 주고받은 애정을 믿으며, 수년간 딸과 맺어 온 관계를 믿는다고 말한다. 엄마는 이제 자신이 딸의 인생에서 주위 사람이 되었음을 인정한다. 그래도 이 자리 역시 그 누구도 아닌 엄마만이 차지할 수 있는 자리다.

차이를 마주하면서 그냥 포기하고 서운해하는 엄마들도 있다. "제 딸과 저 사이에는 거리가 있어요." 이 엄마들도 딸과 생긴 거리를 좁힐 수 있을까? 당연히 할 수 있다! 딸과 언제나 교류하면 된다. 서로 간의 차이를 딸의 도전으로 여기지 말고, 자신만의 개성을 가진 딸이 아름답게 스스로 자기 주장을 하도록 이끌고 있는 그대로를 받아들이자. "네가 믿는 것을 말해 보렴, 네가 어떻게 생각하는지, 또 네가 누군지 말해 보렴." 사회학자 오귀스탱 바르바라가 한 말을 변형해서 인용한다. 엄마와 딸은 서로를 '탐구해야 할 대륙'이라고 생각해야 한다. 우리 모두 이 원칙에서 출발하자.

### 아델(28세)의 이야기

서로 다를 수 있음을 인정했어요,
그러니 관계가 더 편해졌어요

엄마 안에서 저의 자리를 찾는 건 항상 어려운 일이었어요. 엄마와 저는 정말 달라요! 엄마는 자신만의 세상에서 사는 사람이라 제가 어떤 사람인지를 설명하려면 애를 먹어요. 엄마가 저를 이해하지 못한다고 생각해서 포기하려고도 했어요. 모든 것은 열세 살 때 시작되었지요. 저는 집을 나와 기숙사에

들어가고 싶었어요. 서로를 이해하지 못한 첫 번째 사건이었어요. 엄마는 제가 집을 떠나고 싶어 할 거라고는 생각조차 못했어요. 집, 가족. 엄마와 제가 이 똑같은 단어를 말한다고 우리가 같은 의미를 담는 건 아니에요. 엄마에게 가족은 매일 같이 있는 것이지요. 저에겐 아니고요.

엄마는 저희 가족이 평생 함께하기를 바랐지만 그건 제가 원하는 게 아니에요. 물론 가족이 함께해야 할 때가 있어요. 가족 행사, 여름휴가를 보내는 열흘 정도요. 제가 가족을 좋아하지 않아서가 아니라 그 외에는 가족의 필요성을 느끼지 못하기 때문이에요. 그래도 만약 엄마가 저에게 그 이상을 요구한다면 엄마의 요구를 따를 거예요. 그게 엄마를 기쁘게 하는 일이니까요. 가족으로서의 의무를 다한다기보다는 엄마에게 선물을 준다고 생각할 거예요.

엄마가 필요로 하는 게 있고 바라는 게 있어도 저는 엄마처럼 그것을 필요로 하지도 바라지도 않아요. 엄마는 그 점을 이해하기 어려워해요. 저와 엄마는 모든 점에서 의견이 달라요. 엄마는 저희를 돌보면서 할 만한 일을 찾다가 육아 도우미로 일했어요. 그래서 제가 좋아하는 일을 하려고 매일 두 시간씩 대중교통을 타고 출퇴근하는 걸 이해하지 못해요. 엄마 생각대로라면 저는 제 딸 옆에 있어야 하거든요.

엄마는 남편과 제가 같이 시간을 많이 보내지 않는다고 생각하면서, 두 사람이 각자의 인생을 살 거면 왜 함께 사는지 궁금해해요. 저는 이직도 자주 해요. 4년 정도 회사를 다니면 다른 곳으로 옮기고 싶어져요. 그런데 엄마는 제가 정규직 직장을 얻고, 회사 식권으로 밥을 먹고, 회사 복지로 할인 혜택을 받아 가족과 여름휴가를 떠났으면 좋겠다고 해요.

저는 대학생 때 카우치 서핑을 하며 여행을 했어요. 카우치 서핑을 하면 전 세계 어디를 여행하든지 다른 사람이 사는 집에서 무료로 숙박하고 가이드를 받을 수 있어요. 엄마는 저를 걱정하느라 진이 다 빠졌어요. 제가 혼자 비행기를 타고, 모르는 사람 집에서 잠을 잔다는 건 엄마에게는 달에 가는 거나 마찬가지였거든요.

엄마와 저는 오랫동안 서로 적대감을 가지고 있었지만 모른 척했어요. 저는 엄마를 옛날 사람이라고 생각했고, 엄마는 저를 이기주의자며 개인주의자라고 평가했었죠. 저도 엄마가 그런 생각에서 벗어나도록 설명한다거나 하지는 않았어요.

그래도 제가 제 방식대로 일하고, 여행하면서 살 수 있어 기쁘다는 것 정도는 설명할 수도 있었을 거예요. 하지만 저는 그렇게 하지 않았어요. 대신 엄마를 제 마음대로 판단했지요. '엄마는 이제 기운이 별로 없으니, 엄마에게 이런저런 일을 설명할 필요 없어!' 저희는 서로를 전혀 이해하지 못한 채 수년을 보냈어요. 할 만한 대화거리가 없어서 그냥 날씨 이야기나 했어요. 시간이 흐르면서 저희는 서로의 인생 계획과 생각이 다르다는 것을 존중하는 법을 배웠어요. 옳고 그름을 판단하려던 저희의 기질을 버리는 데 성공한 거지요. 이제는 엄마와의 관계가 정말 부드러워졌어요. 훨씬 편해졌지요.

### 서로를 판단하지 말아요

딸의 논리에 귀를 기울이자. 가브리엘(64세)은 딸 쥘리아(30세)와 브런치를 먹으러 딸의 집에 갔다. 늘 아낌없이 베푸는 가브리엘은 크루아상을 잔뜩 가져갔다. 하지만 딸은 커피도, 차도, 식기도 준비해 놓지 않았다. 가브리엘은 딸이 자신을 생각하는 마음이 부족해 이런 대접을 받는다고 여겼다. 만약 가브리엘이 당시에 평정심을 유지하고, 말하기 적절한 때에 이전에는 집에 손님을 초대하면 잘 대접하기 위해 준비를 많이 했었다고 말한다면 어떨까? 딸 쥴리아는 가브리엘에게 엄마는 손님이 아니라 가족이며, 요즘은 모든 것을 즉흥적으로 준비하는 세대라고 설명할지 모른다. "우리는 원래 그래요. 누군가를 초대하고, 사람이 도착하면 그때 냉장고를 열어요. 미리 준비하면 골치 아프잖아요. 우리는 그런 게 싫어요! 장 볼 목록도 짜고, 사람들이 오기 전에 청소도 해야 한다면 그건 파티가 아니라 고역이니까요. 즉흥적인 것이 훨씬 즐겁다고 생각하지 않아요?"

가브리엘은 납득하지는 않겠지만 이런 이야기를 통해서 두 사람이 적어도 개인적인 의견들을 나누게 될 것이다. 가브리엘은 딸이 자신을 소홀히 대했다고 느끼지 않을 것이다. 또 두 사람은 상대가 어떤 점에 민감하게 반응하는지 알게 될 것이다. 서로를 더 잘 이해하려면 대화를 나누는 것만으로도 충분하다.

메리(58세)는 딸을 자주 보지 못한다. 딸은 아들과 남편 뒷바라지를 하느라 바쁘다. 딸의 남편은 항상 여기저기 출장을 다닌다. 메리는 딸의 가족을 두 달에 한 번 만나는데, 그때마다 즐겁게 보내고 싶다. 영상 통화를 하는 것과 직접 보는 것은 다르기 때문이다. 그러나 딸의 가족을 맞이하러 역까지 운전하고 갔건만, 집으로 오는 차 안에서 돌아오는 것은 "할머니 싫어! 할머니 싫다고!"라는 손자의 환영 인사다. 딸과 사위는 아무 말도 하지 않는다!

    메리는 무시당했다고 느끼고, 눈에 눈물이 고인다. 이 경우에도 서로 대화가 필요하다. 그렇지 않으면 딸과 함께 지내는 시간은 엉망이 될 것이고, 딸과 맺는 관계에도 이상이 생길 것이다. 어떻게 무엇을 말해야 할까? 엄마들은 넌지시 암시하기만 한다. 하고 싶은 말이 있어도 빙빙 돌려서 몇 마디 말을 슬쩍 해 보는 것이다. 딸은 이런 말을 '나쁜 문장'이라고 부른다. 엄마는 문제를 일으키기 싫어서 그랬다며 자신이 한 말을 해명한다. 하지만 딸을 피하려는 엄마의 시선과 뚱한 표정, 두 사람 사이에 감도는 긴장감과 불안감은 어떤 사태가 발생할지 여지없이 보여 준다.

    만약 엄마가 느낀 점을 그대로 말했더라면 어땠을까. 메리가 잘 알려진 '나 메시지'*를 사용해서 "할머니는 네가 그렇게 말하니 마음이 아프단다."라고 말했더라면 어땠을까. 딸은 아이가 쉬는 시간에 친구와 장난칠 때 하는 말처럼 한 것뿐이라고 엄마에게 설명할 것이다. "이맘때는 뭐든 '싫어'라고 말할 때예요. 좀 지나면 안 그럴 거예요."

메리는 그 말을 믿기 힘들 수도 있지만 적어도 손자가 자신을 존중하지 않아서 그런 말을 한 것이 아님을 알게 될 것이다. 또 딸이 자신에 관해서 무례한 말을 한다는 상상도 더는 하지 않을 것이다. 딸이 하는 말을 손자가 따라 할 수도 있기 때문이다. 엄마와 딸 사이의 모든 차이는 갈등과 오해를 일으키고 불화와 신경과민의 원인이 될 수 있지만, 서로 교류할 만한 주제가 될 수도 있다. 엄마와 딸의 차이를 서로를 더 잘 알 수 있는 기회로 만든다면, 그 차이는 얼마든지 뛰어넘을 수 있다. 시간이 지나면서 엄마와 딸은 생활 방식에서도 공통점이 별로 없게 된다. 하지만 상대의 논리를 이해하려고

---

● 나를 주어로 하는 표현. 상대의 행동을 비난하지 않으면서 나의 마음과 감정을 이야기하는 대화법이다. — 역자 주

노력하면서 자기 생각대로 판단하지 않고, 딸이나 엄마 생각은 어떤지를 묻는다면 서로가 진정한 만남을 유지할 수 있다. 상대를 판단하려는 기질을 가라앉히자.

남을 판단하면 대화의 기본이 흔들린다. 엄마 눈에 딸이 은혜를 모르는 것처럼 보인다면 엄마는 딸을 더는 이해할 수 없다. 딸이 엄마를 이해하는 것도 불가능하다. 서로가 상대의 희생자가 되었다고 생각하기 때문이다. 이건 죄책감을 느끼게 하는 것과도 같다. 상대가 무조건 잘못한 것이므로 내가 무엇을 이해한다거나 노력할 필요가 없는 것이다. 나와 상대에게 행복과 신뢰를 느끼려는 마음의 문을 열자. 이는 엄마와 딸 관계를 개선하는 데 꼭 필요하다.

### 더 좋은 관계가 되려면 장점을 봐 주세요

엄마와 딸의 관계에 박힌 가시를 빼내고 관계를 풀어 나가자. 엄마와 딸은 주로 어떤 소망을 표현할까? 이야기를 해 보니 딸의 소망은 엄마가 심술궂게 말하지 않고 나쁘게 행동하지 않는 것이었다. 엄마의 소망은 딸에게서 엄마를 환영한다는 느낌을 받는 것이었다.

엄마는 딸이 자신을 편리한 무료 육아 도우미로 여기지 않기를 바랐다. 또 엄마에게 전화를 걸었을 때 개인적으로 속상한 일만 털어 버리고 전화를 끊는 대신 엄마의 안부를 물어 주기를 바랐다. 시간을 갖고 엄마와 진심으로 통화하기를 바랐다. 길거리를 걸어가거나 식사 준비를 하면서 가볍게 하는 그런 전화가 아니길 바랐다. 시끄러운 소리가 들리고, 냄비 끓는 소리나 물이 흐르는 소리가 들리는 전화가 아니길 바랐다.

딸은 엄마가 자신만의 인생을 살며 여가 활동을 하고 친구들을 만나기를 바랐다. 마지막으로 엄마와 딸은 모두 같은 것을 바랐다. 상대가 자신의 단점보다는 장점을 알아보고, 있는 그대로의 자신을 많이 사랑하기를 바랐다. 그렇게 된다면 그다음에는 무슨 일이 일어날까? 엄마와 딸이 '함께 춤을 추면서' 더욱 조화로운 관계를 이루려면 어떻게 해야 할까? 그 방법을 잘 아는 엄마와 딸도 있다.

브리지트(65세)는 딸 발레리(40세)를 보러 간 3일 동안은 담배를 끊어야 함을 안다. 딸이 담배 냄새를 싫어하기 때문이다. 건강을 해치는 엄마를 보는 것도 힘들어한다. 딸은 엄마를 이해하고 엄마와 타협할 수도 있다. 엄마가 발코니에 나가서 담배를 피운다면 받아들일 수도 있다. 하지만 어느 쪽도 먼저 걸음을 내딛고 싶어 하지 않는다. 딸은 환경 보호자다. 엄마는 담배를 즐겨 피운다. 이 경우, 엄마와 딸 관계가 조화로워지려면 서로를 포용해야 한다. 엄마와 딸은 미소를 지으면서도 고집을 꺾지 않는다. 그러나 두 사람은 서로의 다름을 갈등의 원인이나 비난거리로 확대하지 않는다. 각자 관대한 마음을 가지며 서로를 판단하지 않고 이렇게 말한다. "엄마는 (딸은) 원래 그래요!"

### 글로 전하기

대화를 하는 것보다 편지를 쓰는 게 훨씬 쉬울 때가 있다. 사람들은 상대의 말과 눈빛에 민감하므로, 어떤 때에는 대화를 하는 중에 어떤 상대와 관계의 문이 닫혔다고 느끼기도 한다. 그러나 글을 쓰면 우리가 느낀 것을 훨씬 자유롭게 모두 표현할 수 있다. 상대의 반응을 걱정하지 않아도 되며, 반박을 당해 말이 끊길 일도 없다. 최종안을 작성하기 전에 계속 몇 번씩 써 보며 내용을 정리할 수 있다는 것도 장점이다.

초안을 쓸 때는 공격적이고, 상대를 비난하거나 책망하고 이해할 수 없는 글을 쓰게 된다. 공격적이고, 상대를 비난하는 말은 대화의 문을 닫게 한다. 우리가 진정 원하는 일은 그 문을 다시 여는 것이다. 종이가 휴지통에 쌓이면 쌓일수록 표현은 좀 더 부드러워진다. 공격적이고 상대를 비난하는 내용을 거를 수 있기 때문이다. 편지는 이메일보다 더 개인적이다. 우리는 편지를 보관하고 되풀이해 읽기 때문이다. 자신을 돌아보는 사적인 일기를 닮기도 했다.

우리는 무슨 생각을 할까? 어떻게 느낄까? 무엇을 원할까? 엄마와 딸의 관계에서 무엇을 바랄까? 그리고 더는 바라지 않는 것이 있다면 무엇일까? 우리에게 부족한 것은 무엇일까? 엄마와 딸의 관계가 어떤 새로운 환경에서 펼쳐지기를 바랄까? 모든 것을 글로 쓸 수 있으며, 보내기 전에 다시 읽어 볼 수 있다. 요구 사항이 분명할수록 충족될 가능성이 높다는 것을 염두에 두자. "엄마를 나쁜 마음으로 대하고 비난하는 건 원하지 않아. 조금이라도 고마워하기를 바라는 거란다."

어떤 엄마와 딸에게는 다정함이 필요하지만, 다른 엄마

> 와 딸에게는 단호함이 필요할 때도 있다. 그러나 이상적인 것은 "엄마, 사랑해요. 저는 엄마의 사랑을 원해요.", "얘야, 사랑한다. 엄마가 원하는 건 네 사랑이란다."라는 문장으로 편지를 시작해 보는 거다.

### 즐겁게 지낼 방법을 함께 찾아봐요

서로 어려움을 느끼는 일이 있지만 이를 말하지 않는 경우도 있다. 뭐 하러 이야깃거리를 만들겠는가? 다른 것들과 잘 조율하면서 충분히 피해 갈 수 있는데 말이다. 페린(35세)은 엄마가 자신의 자리를 독차지했다고 생각한다. 엄마는 수요일마다 페린의 아이들을 돌봐 주러 온다. 그러다 페린이 부탁하지도 않았는데 엄마가 냉장고를 채우기 시작했다. 육아 도우미에게 일도 시킨다. 페린은 출근 전에 방을 정리할 시간이 없다. 엄마와 육아 도우미는 그런 페린을 뒤에서 비웃는다. "여기 완전 난장판이에요!"라고 말하며 웃음을 터트린다.

페린은 딸로서 짜증이 난다. 엄마가 자신을 어린아이처럼 대하기 때문이다. 수요일 밤에 퇴근해서 집에 돌아오면,

페린의 자리는 없다. 엄마가 페린의 자리를 독차지한다. 사실 어떤 엄마는 자제력이 부족하며, 어떤 딸은 엄마가 그렇다고 말하기를 주저한다. 딸은 갈등을 싫어하며, 회사 일로도 꽤 심란하다. 여기에 엄마에 관한 걱정까지 더하고 싶지 않다. 게다가 이게 그렇게 심각한 문제일까? 그러니 당분간은 불편해도 놔두자고 생각한다. 이때는 문제가 무엇인지 파악하고, 때가 되면 해결할 수 있을 거라고 믿는 것이 중요하다. 페린은 내년에는 해결책을 찾으리라고 다짐한다.

자신에게 무엇이 필요한지를 알게 된 것만으로도 페린은 안심이 된다. 지금 이 문제에 관한 해결의 실마리는 대화로 푸는 것이 아니라 환경을 바꾸는 것이다. 페린은 아이들을 화요일 저녁에 엄마 집에 맡길 수도 있다. 아니면 냉장고가 텅 비었는데 엄마가 또 채워 넣으면 어쩌나 걱정하는 대신 월요일마다 장을 봐 둘 수도 있다. 관계를 조율하기 전에 자신을 돌아본다면 안정을 되찾을 수 있고, 원하는 것을 정확하게 표현할 수 있다. 그러면 엄마도 딸이 극단적으로 문제를 제기한다고는 여기지 않는다. 극단적인 방법으로는 절대로 상대를 이해시킬 수 없다.

그러나 일이 그렇게 쉽게 진행되지 않는 경우도 있다. 이네스는 엄마가 희생자처럼 행동하는 게 좋지 않았다. 엄마의 남편이자 이네스의 아빠가 그렇게 나쁜 사람은 아니다. 엄마는 불쌍한 희생자가 아니었다. 이네스는 "저한테 아빠의 나쁜 얘기 좀 그만해요."라고 부탁했다. 엄마는 대답했다. "너희 아빠는 정말 나쁜 사람이야. 너희 아빠가 나한테 어떻게 했는지 알려 줄까?"

이네스는 전혀 알고 싶지 않다. 엄마도 이네스가 알고 싶어 하지 않는다는 것을 알지만 신경 쓰지 않는다. 여기서 해결책은 무례하게 행동하는 것이 될 수 있다. 이네스가 다른 방으로 가 버리는 것이다. 또는 엄마 말을 자르거나 엄마가 아닌 다른 사람에게 말을 거는 것이다. 어찌 되었든 이런 관계도 관계다. 존중이 부족한 관계긴 하지만, 상대에게 경계선은 넘으면 안 된다는 것을 재확인시켜 주는 관계도 관계다.

자신이 어떤 상황에서 기분이 나빠지거나 불편해지는지 아는 것도 중요하다. 아멜리(21세)는 오래전부터 크리스마스 전야 가족 모임에 가지 않는다. 대신 매년 친구와 등산을 간다. 이렇게 하면서 아멜리는 '형편없는' 선물을 피하고, '그렇게나 훌륭한' 남동생을 다정하게 바라보는 엄마도 피하며, 밤을 넣고 만든 칠면조 요리도 피한다. 아멜리는 밤도 칠면조도 좋아하지 않는다. 엄마도 그것을 알지만 잊어버린다. 이럴 때는 자신을 관찰하자. 엄마와 딸이 같이 있는 게 힘들어지기 시작하는 날은 며칠째부터인가? 하루? 3일? 일주일? 한 달? 서로 가까워지기 쉬운 상황은 어떨 때인가? 무언가를 같이할 때? 보는 사람이 없는 곳에서 두 사람이 조용히 대화할 때? 서로 눈을 마주칠 일이 없는 차 안에 있거나 산책을 할 때?

### 함께 있을 때 편안한 장소는?

엄마와 딸에게는 서로가 편안하게 느끼는 장소가 있다. 과연 어디일까? 프랑수아즈(62세)는 딸인 카롤린(40세)과 영화를 보러 갈 때 행복하다는 것을 깨달았다. 카롤린이 아주 어렸을 때부터 두 사람은 함께 영화를 보러 다녔다. 프랑수아즈와 카롤린은 취향이 거의 같았으며, 영화 이야기를 하며 더욱 사적인 것들에 관해서도 대화할 수 있었다. 다른 딸들은 이런 관계가 좋지 않을 거라고 생각한다. 스스로 다시 어린아이가 되었다고 느끼기 때문이다. 하지만 프랑수아즈와 카롤린에게는 이 관계가 더할 나위 없이 좋다. 엄마가 손님처럼 행동하면 되는 것이다. 영화를 보러 가면서 이 두 사람은 함께 점심을 먹는다. 점심을 먹으며 두 사람은 성인으로서 대화를 나눈다.

멜라니(25세)는 그와 정반대다. 멜라니는 엄마가 모임을 앞장서서 준비하기를 바란다. 엄마가 준비하는 모임은 정말 즐겁다. "엄마는 최고의 파티를 준비해요!" 그 모임에 가면 멜라니는 진정한 소속감을 느낄 수 있다. 멜라니가 이 상황을 좋아하는 이유는 또 있다. 평소 엄마는 멜라니를 어린아이처럼 대하는 경향이 있는데, 가족 모임에서는 멜라니에게 어린아이들을 돌보는 일을 맡기며 절대적으로 신뢰한다. 멜라니가 책임감을 갖고 아이들을 잘 돌보며, 웃긴 흉내를 내면서 그들을 재미있게 해 준다는 것을 안다. 이처럼 화합을 가능하게 해 주는 비밀은 자기 자신의 기분과 감정, 상대와 맺는 관계에 관심을 갖는 것이다. 이것이 가능한 때는 언제일까? 행복할 때? 자기 자신을 긍정적으로 볼 때? 엄마나 딸을 긍정적으로 바라볼 때?

### 나중이 아니라 지금!

딸은 엄마가 좋은 엄마가 될 수 있도록 항상 도왔다. 잘 지낼 때는 생기가 넘치고 삶이 행복했다. 마음도 가벼웠다. 딸은 문제가 생기면 엄마에게 말했다. 어린 시절 딸은 엄마를 신뢰하며 엄마와 교류하려고 했다. 그런데 왜 성인이 되면 더는 그러지 않을까?

주된 이유는 다음과 같다. "엄마를 만나고 함께 대화할 시간은 앞으로도 많아요. 지금은 너무 바빠요. 할 일이 많거든요. 친구들도 만나야 하고, 직장에도 다녀야 하고, 아이도 키워야 하지요." 그게 아니라면 "엄마는 너무 마음이 약해요."라고 말한다. 속내를 감추고 불안해하며 가식적인 모습만을 보이는 관계는 상대를 힘들게 할 수 있다. 오히려 친절하고 차분하게 모든 것을 표현하는 진정한 관계가 더 낫다.

나탈리(35세)는 엄마가 자신의 엄마라는 사실이 좋다. 그래서 엄마의 어린 시절 이야기와 뿌리를 알고 싶었다. 그런데 엄마는 자신에 관한 이야기도, 외할아버지와 외할머니에 관한 이야기도 해 주지 않았다. 나탈리는 그런 엄마를 이해할 수 없었다. 나탈리에게 엄마의 어렸을 적 일화를 이야기해 주는 엄마 친구가 있긴 했다. 하지만 나탈리가 알고 싶은 것은 엄마 내면에 있는 엄마의 과거였다. 나탈리는 엄마에게 손을 내밀며 이것이 의미 있는 시도라고 믿었다. 아들에게 외할아버지의 이름을 붙여 준 것이다. 나탈리는 뿌리를 알고 싶다고 말하는 이 '신호'가 엄마에게 전달될 것이라고 믿었다. "엄마, 엄마에 관해 말해 줘요!"라고 말하는 방법이라고 생각했다.

그러나 신호를 보내는 것이 아니라 분명하게 말해야 한다. 엄마와 딸의 관계에는 분명히 말해야 하는 일들이 많다. 물어봤지만 확실히 해결되지 않은 것도 있고, 도무지 종잡을 수 없는 것도 있으며, 새로 질문을 해야 하는 것도 있다. 엄마가 했던 말이 딸의 가슴에 맺힐 수도 있다. 정작 그 말의 본래 의미는 딸이 생각하는 것과 정반대였는데 말이다.

마릴렌은 외동딸이다. 어느 날 마릴렌은 엄마에게 이런 말을 들었다. "네가 남자아이였다면 좋았을 텐데!" 엄마는 아들을 더 원했던 것일까? 그래서 마릴렌이 태어났을 때 실망했을까? 마릴렌은 40년 뒤에 이 질문을 했다. 그리고 엄마가 대답했을 때 마릴렌은 깜짝 놀랐다! 마릴렌은 1930년대에 태어났는데 당시에는 딸보다는 아들이 살아가기 쉬운 시기였다.

"네가 남자아이였다면 좋았을 텐데. 아들이 더 살아가기 쉽거든." 엄마가 하고 싶었던 말은 이것이었다. 이 말을 듣기까지 40년이 지난 것이다.

물론 힘든 순간을 다시 끄집어내고, 왜 그랬는지 설명해 달라고 요구하기까지는 많은 신뢰와 용기가 필요하다. 이 난관을 극복하는 것은 심리학자들이 말하듯 '자신만의 안전지대를 벗어나는 것'이다. 이를 통해 더욱 진정성 있고, 가볍고, 행복한 관계로 나아갈 수 있다.

아델(58세)의 딸은 최근에 결혼했다. 그런데 딸에게 무시를 당했다는 생각에 아델은 가슴이 아팠다. "딸은 남편과 제가 거액을 지원해 주기를 원했어요. 하지만 결혼식에서 감사 인사를 할 때 저희 이야기는 한마디도 하지 않았고, 눈빛도 주지 않더군요." 엄마들이 받는 모멸감은 이런 유의 것이다. 부모도 감수성이 있고 무언가를 기대하며 감정을 느낀다. 그러므로 자신이 그런 사람으로 대우받지 못했다고 불평할 수 있다. 쓸모 있을 때만 사용하거나, 수표에 사인만 하는 '기계'가 아니라고 불평할 수 있는 것이다.

많은 엄마는 이런 상황에 처하면 마치 희생자거나 소녀

인 듯 눈물을 흘린다. 그러나 그렇게 하지 말아야 한다. 엄마는 난처한 상황에 놓인 어른이다. 적절한 말을 찾고, 그 말을 할 적절한 때를 찾자. 아델은 딸에게 이 일을 이야기하기로 결심했다. 그래도 결혼식을 망치고 싶지 않았고 단호하게 공격하고 싶지도 않았다. 그래서 결혼식 직후는 피했다. 아델은 딸을 비난하는 것이 아니라 '나 메시지'를 사용하며 자기 자신이 어떻게 느꼈는지 말하기로 했다. 자신이 속이 상했으며, 이 상황이 이해가 안 된다고 말하기로 한 것이다. 이럴 때는 스스로를 표현하고, 자신의 감정을 표현하며 단순하게 말해야 한다. "엄마는 상처받았고, 뭔가 잘못되었다고 느꼈어. 무슨 일이 있었니?"

이처럼 엄마나 딸의 행동으로 충격을 받았다면, 서로를 더욱 잘 이해하기 위해 이 일에 관해서 대화하자. 필요하다면 질서를 상기시키자. 엄마는 계속 엄마여야 한다. 그렇지 않으면 딸은 엄마가 잘못된 상황을 바로잡아 주지 않았다고 엄마를 원망할 수도 있다. 딸을 꾸짖는 게 아니라, 엄마와 딸의 관계를 해칠 수도 있었던 행동을 꾸짖는 거라고 분명히 말하자. 어린아이가 잘못된 행동을 한 것과 같다고 말하자. 그렇다고 판단하고 비판하지는 말자. 판단과 비판은 잘못을 바로잡고자 제 역할을 다하려는 엄마의 행동으로는 적합하지 않다. 이는 형을 구형하는 검사의 일이다.

### 다정한 말 한마디를 건네 보아요

'엄마는 나를 힘들게 해.'라고 생각하는 것과 '엄마는 형편없어!' 또는 '쟤는 은혜를 몰라!'라고 생각하는 것은 많은 차이가 있다. 엄마가 나를 힘들게 한다고 생각하는 것은 스스로 고통을 인정하는 것이다. 하지만 엄마를 형편없다고 하거나 딸이 은혜를 모른다고 하는 생각은 상대를 판단하는 것이며 이는 모두에게 상처를 준다.

자드는 "엄마가 우울해하면 기분이 좋아요!"라고 말했다. "엄마의 나쁜 면을 확대해서 말하면 기분이 좋아요. 그렇기 때문에 내가 힘들었던 거지, 하는 생각이 들면서 저 스스로가 강해질 수 있거든요. 그러나 이렇게 엄마를 나쁘게 대하면 저 자신도 피해를 입어요. 제 일부분을 죽이는 것이지요."

엄마는 딸의 일부분이며, 딸은 엄마의 일부분이다. 상대의 나쁜 점을 말하면 스스로에게 해를 입히는 것과 마찬가지다. 그렇다면 이 문제를 어떻게 풀어야 할까? 상대를 판단하기 시작하면 제대로 된 대화를 할 수 없다. 상대를 판단하면서 관계의 문을 닫아 버리기 때문이다. 판단하려는 마음을 누그러뜨리려면 어떻게 해야 할까? 우리는 스스로에게 묻는다. "우리가 더 나은 관계가 되려면 어떻게 해야 할까? 상대를 향해 정말로 발걸음을 내딛고 싶은 걸까?"

어른이 된 딸은 엄마가 원하는 걸 할 마음이 있을까? 엄마가 듣고 싶어 하는 말을 할 마음이 있을까?

예전에는 모녀 관계에서 스스로가 희생자라고 생각하며 살아왔을 수 있다. 그러나 요즘은 엄마가 원하는 대로 살지 않으려는 딸이 많다.

스테파니(21세)의 엄마는 어려 보이기를 원하고 멋을 잘 부린다. 엄마와 좋은 관계를 맺으려면 스테파니는 엄마에게 아름답고 젊어 보인다고 말해야 할 것이다. 그러나 스테파니는 그러지 않는다. 그 이유는 단순했다. 엄마가 아름답고 젊어 보이지 않는다고 생각하기 때문이다. 엄마는 어울리지 않는 짧은 치마를 입고, 화장도 과하다. 더구나 스테파니는 엄마에게 미사여구를 늘어놓고 싶지 않다. 이건 스테파니의 역할이 아니다. 엄마를 기쁘게 하기 위해 자신의 생각을 왜곡하고, 스스로를 부정하는 일은 이제 끝이다!

이 경우, 엄마를 존중하는 방법은 지금 나이의 엄마 모습도 괜찮다며 가능한 한 몇 마디라도 다정한 말을 건네는 것이다. 나이가 들어 가는 모습을 받아들이기가 쉽지 않음을 이해하고 엄마가 자신의 나이를 조금 더 쉽게 인정할 수 있도록 돕는 것이다. 또 엄마에게 이를 받아들일 시간을 주자. 가능하다면 엄마를 판단하지 말고, 엄마도 그럴 수 있도록 도와주자. 하지만 엄마가 나이를 부정하려 할 때 그 역할극에 동참해서는 안 된다.

엄마와 딸의 관계에서는 이처럼 모두가 존중을 받고 도움을 받아야 한다. 우리를 괴롭히는 게 무엇인지를 제대로 이해해야만 비로소 우리는 상대를 존중하는 마음을 갖고, 적절한 때에 상대에게 두려워하지 않아도 된다고 말해 줄 수 있다. 우리가 스스로를 존중할 때, 상대도 훨씬 쉽게 존중해 줄 수 있다. 우리가 스스로를 존중하면 상대에게 굴복하지 않으며, 상대가 우리를 지배하도록 놔두지 않기 때문이다.

존중한다는 것은 대화를 하지 않아도 된다는 뜻이 아니다. 모든 사람의 감수성을 고려하면서 대화를 하겠다는 것이다. 경우에 따라서는 관계의 틀을 정립하고, 각자가 편안할 수 있는 유익한 한계선을 두는 것이다. 이를테면 미도는 친밀한 관계를 그렇게 좋아하지 않는다. 이 정도는 받아들일 수 있다. 엄마이자 할머니인 엘리자베스는 가족 모임에 참석하는 것과 딸들과 대화하는 게 지루하다. 이것도 받아들일 수 있다. 메리와 잔느는 딸의 집에 갈 때면 딸이 자신을 위해 준다는 느낌을 받아야 한다고 여긴다. 이건 생각해 보아야 한다.

엄마와 딸이 서로 교류한다는 것은 두 사람의 관계가 좋다는 뜻이다. 그러나 모든 사랑 이야기에서도 그렇지만, 모녀 관계에서 우리가 주로 착각하는 것은 상대가 나의 기분이나 생각을 꿰뚫고 있다고 믿는 것이다.

"엄마는 엄마니까 당연히 제 생각을 다 알아야 해요."

"제 딸은 저와 같고 또 제가 길렀으니까 제 생각을 다 알아야 해요."

때로는 맞다. 엄마와 딸은 서로의 기분이나 생각을 어느 정도 짐작한다. 하지만 불행이 닥치거나 오해가 생기면 더는 서로를 이해하지 못한다. 그렇다고 상대를 질책하는 일은 불행을 해결하거나 오해를 풀기 위한 최선의 방법이 아니다. 좋은 방법은 다음과 같다. 첫째, 자신 안에서 무슨 일이 일어나고 있는지 스스로에게 물어보기, 둘째, 자신이 원하는 것이 무엇인지 스스로를 파악하기, 셋째, 앞으로 나아가거나 그러지 않을 자유를 엄마에게 주기.

딸이 엄마를 좌지우지하거나 자신만 옳다고 해야 한다는 건 아니다. 또한 이 방법들을 꼭 적용해야만 하는 것도 아니다. 이는 제안일 뿐이며 적용했을 경우 때에 따라서 좋은 결과를 얻을 수 있다. 미도가 친밀한 관계를 편하게 여기지 못하면 엄마와 딸의 관계는 그렇게 잘 통하는 관계가 아닐 것이다. 메리가 딸의 집에서 더는 환영받지 못한다고 느낀다면 그곳에서 잘 지내지 못할 것이고, 그렇다면 메리는 그 집에 가지 않으려고 할 것이다. 메리와 메리의 딸은 만났을 때 행복하게 지낼 다른 방법을 생각해 볼 수도 있다.

어느 날 나는 어떤 엄마가 정치에 관한 제 생각을 딸에게 드러내지 않는다고 말하는 것을 들었다. 딸에게 영향을 미치고 싶지 않다고 했다. 그러나 나는 이상하다고 생각했다. 우리는 신념이 있을 때 이 신념을 알리고 싶어 한다. 엄마의 관점을 강요하는 것이 아니라면 엄마가 그렇게 믿는 이유를 설명하면서 엄마의 정치적 생각을 표현하는 게 더 좋지 않을까? 그렇게 하면 대화의 장도 마련할 수 있을 것이다.

여기에도 존중이 숨어 있다. 나의 생각을 표현한다는 것은 나의 주관, 세대, 경험에서 출발한다는 것이다. 이를 깨달으면 상대를 존중할 수 있다. 딸은 자신이 엄마와 다른 주관과 의견이 있으며, 이를 표현할 권리를 지니고 있음을 배우게 된다. 또한 자신의 의견이 존중받는 경험도 하게 된다.

상대와 자신을 존중하는 것은 엄마와 딸의 관계를 좋은 여건 속에서 지속하겠다는 뜻이다. 상대에게 손을 내미는 것이자 난처한 일이 생겨도 자신의 생각을 이해시키면서 관계를 거부하지 않는 것이다. 엄마와 딸의 관계를 존중하는 것이며, 두 사람 사이에 침묵과 불안, 거리가 생기는 것을 원하지 않는 것이다. 침묵과 불안, 거리는 두 사람을 불행하게 하기 때문이다.

딸이 제대로 맞아 주지 않았다는 생각에 서운해했던 메리의 경우 딸을 존중하려면 이런 방법이 있다. 딸에게 '엄마가 몇 달 만에 너희 집에 갔을 때 엄마를 환영해 준다는 느낌이 들게 해 주었으면 좋겠다.'라고 편지를 쓰는 것이다. 물론 메리도 요즘 사람들은 모두 '즉흥적'이라는 것을 이해한다. 그러나 메리의 세대는 달랐다. 메리와 딸은 맞춰 갈 수 있을까? 메리가 딸에게 새벽부터 공항으로 마중을 나오라고 한 것은 아니다. 그러나 딸은 메리가 호텔이 아니라 사랑하는 딸의 집에서 지낸다는 것을 체감하도록 행동할지 모른다. 엄마가 묵는 방에 '엄마를 봐서 좋아요.'와 같은 짧은 메모를 남길 수 있다.

상대를 존중하면서, 상대에게도 어떻게 하면 나를 존중할 수 있는지 그 방법을 이야기해 주자. 그러면 그럴수록 엄마와 딸의 관계가 부드러워질 기회는 더 많아진다. 엄마와 딸 사이가 가능한 한 좋은 관계일 때는 각자 자신이 누구이고, 어떤 사람이 되고 싶은지, 상대에게 다가가기 위해 받아들일 수 있는 길, 받아들일 수 없는 길은 어디인지를 표현한다. 할머니인 엘리자베스는 혼자 있는 것을 좋아한다. 자신만의 상아탑에 들어앉아 역사를 탐구하기를 즐긴다. 다른 사람을 신경 쓰지 않는다. 이것은 그녀의 권리다. 손주들과도 마찬가지다. 어떤 할머니는 할머니로서 손주를 대하는 걸 좋아한다.

하지만 가족을 위해 이미 충분히 헌신했다고 생각하는 할머니도 있다. 이런 생각을 하는 할머니가 본심과는 달리 무리하게 애를 써 본다 한들 소용이 있을까? 이런 할머니와 아이들의 상호 작용은 잘 이루어질 수 없다. 아이들은 할머니와 시간을 보내기를 그렇게 좋아하지 않을 것이다. 차라리 할머니의 역할을 잠깐만 하는 것이 낫다. 항상 손주들 곁에 있는 할머니가 되려고 애쓰다가는 결국 손주들을 보는 데 질리고 말 것이다. 그러기보다는 손주들과 보내는 그 순간만을 즐기는 할머니가 되는 것이 좋다.

미셸(55세)의 딸인 카미유(32세)는 엄마가 손주의 응석을 다 받아 주는 할머니였으면 좋겠다고 생각한다. 그렇지만 현실은 그렇지 않다. 미셸은 자신의 딸들을 사랑했지만 육아를 좋아하지는 않았다. 미셸은 딸들에게 자립심을 길러 주었다. 딸들이 하겠다는 것은 전혀 반대하지 않았으며, 딸들이 온전한 자기 자신으로 자라나도록 했다. 이것만으로도 이미 엄마 역할은 충분히 했다고 생각한다. 미셸은 더는 자신의 모습과 반대로 행동하지 않겠다고 다짐한다. 미셸의 딸들은 엄마가 자기만 생각한다고 원망할 수도 있다. 그러나 미셸이 원하지 않는데도 딸들이 원하는 할머니 역할을 하려고 하다가는 딸들과 갈등이 생길 수도 있다. 그러면 미셸은 죄책감을 느끼고 불안해질지도 모른다. 미셸도 딸들에게 서운해할 수 있으므로 득보다 실이 더 클 것이다.

지혜로운 방법은 엄마나 딸을 있는 그대로 받아들이는 것이다. 그리고 서로가 가까워질 수 있도록 모두가 환영할 만한 방법을 제안하는 것이다. 먼저 손을 내밀어도 상대가 그 제안을 거절할 수도 있다. 이럴 때는 넓은 아량을 가지고 상대를 이해하자. 우리 엄마, 우리 딸이 아무 방해 없이 자기 자신이 되고, 이거는 맘에 드는데, 저거는 별로야, 라고 말할 수 있도록 나 자신과 상대에게 문을 열자. 그리고 모두가 제 몫의 기쁨을 느낄 수 있도록 다 함께 노력하자.

개개인을 존중하는 것은 상대의 역할을 내 삶이 아닌 상대의 삶에서 바라보는 것이다. 엄마는 자책한다. "제 딸은 아직도 자리를 못 잡았고, 인생의 동반자도 없어요. 제가 딸이 자리를 잡지 못하도록 방해한 것은 아닐까요?" 딸이 남보다 늦은 이유는 엄마가 딸을 비난하고 심하게 걱정했기 때문일 수도 있고, 엄마가 소유욕에서 비롯된 잘못된 사랑 속에 딸을 가두었기 때문일 수도 있다. 하지만 정말 그럴까?

아르멜(55세)은 딸의 일이 잘 안 되면 자신에게 문제가 있는지 스스로에게 묻는다. '자신'의 잘못을 찾는 것이다. "딸에게 헌신했어요. 원하는 것을 들어주고, 길을 열어 줬어요. 부담을 주지 않으려고 심리 상담사도 찾아갔어요. 딸에게 귀를 기울였지요. 딸을 응석받이로 키운 거예요. 딸의 남자 친구도 환영해 주었지요. 딸의 집세와 학비도 댔어요. 그에 관한 대가는 전혀 바라지 않았어요. 저는 딸이 저를 질책하고 불평한다는 게 정말 믿기지 않아요. 딸의 인생에는 진전이 없어요. 30세가 다 되었는데도 아직 연인도 없고, 변변한 직장도 없어요. 불러서 밥이라도 같이 먹고 싶으면 딸에게 애원을 해야 하지요. 딸에게 헌신했지만 그랬다고 딸이 자신의 인생을 잘 설계한 것도 아니에요."

딸이 정말로 삶을 잘못 설계한 것일까? 그렇다면 우리가 말하는 '설계된' 삶은 어떤 모습인지 생각해 보자. 어떤 딸은 남편을 원하지 않는다. 또 어떤 딸은 아이를 가지고 싶은지 스스로 확신이 없다. 취업에 관해서는 어떨까? 이 문제에서 도망치고 싶은 딸도 있을 것이다. 이것은 그저 인생의 한

요소일 뿐이다. 딸이 생각하는 성공한 삶은 어떤 삶인지 딸의 의견을 물어보아야 한다. 항상 대화를 하고 마음을 열어야 한다. 특히 딸이 그것을 원할 때일수록 말이다.

결국 존중은 균형이다. 어떤 딸은 아직도 공주고 아이 같다. 이런 딸은 엄마가 자신에게 헌신해 주기를 기대한다. 엄마가 손주를 돌보러 와 주고, 경제적 지원을 해 주고, 일을 돌봐 주는 게 정상이라고 여긴다. 그러나 성인이 된 딸과 엄마의 관계는 딸이 어렸을 때처럼 비대칭 관계여서는 안 된다. 딸은 한창 자신의 정체성을 확립해 가는 청소년이 아니다. 받은 만큼 베풀 수 있다. 이것은 어른들의 관계에서 보이는 특징이다.

딸은 이제 도움받은 데 감사하고, 존경심을 표할 수 있다. 엄마는 딸이 출가하면 육아에서 손을 떼자. 자신의 인생을 살기 위해 노력하고, 딸이나 손주와 너무 가깝게 지내지 말자. 그러면 딸은 엄마와 관계를 유지하려고 할 것이다. 엄마에게 관심을 보일 것이다. 엄마에게 만나자고 하고, 엄마와 무언가를 공유하고 싶어 할 것이다. 얼마나 좋은 기회인가! 그러면 엄마는 그런 딸에게 진심이 담긴 행동과 배려를 통해 고마움을 표현할 수 있다.

## 시간은 돌아오지 않아요

조바심 내지 않고
무르익을 때를 기다리는 것이야말로
위대한 능력이다.

요한 하인리히 페스탈로치

엄마나 딸은 스스로에게 이렇게 묻는다. 지금이 불평할 순간일까? 지금이 판단할 순간일까? 지금이 상대의 입장에서 생각할 순간일까? 지금이 용서할 순간일까? 지금이 행복할 순간일까?

엄마와 딸의 이야기는 길다. 놀람과 반전이 가득한 일화들로 엮인 이야기다. 인생의 흐름에 따라 변화하는 생생한 관계다. 융합하는 시기도 있지만 애정이 식어 버린 시기도 있다. 많은 엄마는 딸에게 첫눈에 사랑에 빠졌으며, 딸이 사춘기를 겪을 때는 폭풍우 속에 있는 것 같았고, 딸이 첫 아이를 출산했을 때 비로소 화해했다고 말한다.

모녀 관계는 딸의 연애, 외국 발령, 아빠의 사망, 질병 같은 주변 상황, 다른 사람들과의 만남, 여러 사건들에 영향을 받는다. 그러면서 엄마와 딸은 가까워지기도 하지만 멀어지기도 한다. 인생에서 일어나는 사건들은 마치 볼링공 같다. 지표를 흐트러뜨리고, 감정을 고조시키며, 기분을 뒤흔든다. 관계는 어긋나고, 더는 이해하지 못해 서로를 피한다. 몇 시간, 며칠, 몇 달, 때로는 몇 년 동안 서로 만나기를 두려워한다. 엄마와 딸은 자신들 사이에 구덩이가 파였음을 느낀다. 그러나 삶은 자신의 일을 계속한다. 우리를 새롭게 빚어내고, 관점을 변화시킨다. 우리의 인격은 성숙해지고 사람들과 교류하는 형태도 새로워진다. 사이가 틀어진 엄마와 딸도 산책하거나 대화하면서 서로의 다정한 모습을 재발견할 수 있다. 어떤 딸은 엄마와 팔짱을 끼자 그 순간 가슴이 에는 듯한 느낌을 받았다고 말한다. "저에 관한 엄마의 감정이 누그러지는 것을 느꼈어요. 엄마가 이 순간을 항상 기다려 왔던 것 같았지요."

시간을 갖는 것은 지금 그 관계가 어떠한지에 상관없이 그 관계를 신뢰하겠다는 의미다. 그 관계도 불완전할 수 있다는 권리를 주는 것이다. 서로 이해하지 못하고, 멀어지고, 불화가 생기고, 부당하다고 느끼는 순간은 언제든 생길 수 있다. 시간을 갖는다는 것은 이런 순간이 오더라도 엄마와 딸을 이루는 밑바탕이 되는 사랑, 다정함, 존중을 잊지 않겠다는 의미다. 엄마와 딸 관계도 부부 관계처럼 좋을 때도 있고 나쁠 때도 있으며, 멀어질 때도 있고 가까워질 때도 있다. 나는 부부에 관해서 "언제나 사랑하겠다는 말의 의미는 서로를 매 순간 사랑하겠다는 의미가 아닙니다."라고 한 적도 있다. 이 말은 엄마와 딸 관계에서도 적용된다.

시간을 갖는 것은 '구조적인 어려움'과 '일시적인 어려움'을 구분하며 관계를 생각해 보겠다는 의미다.

구조적인 어려움은 이런 것이 있다. 엄마 때문에 모녀 관계가 좋았던 적이 한 번도 없었다면 어떨까? 엄마는 다정하지도 않았고 딸의 정체성 확립을 방해했다. 이런 엄마는 모성애가 부족한 엄마다.

1978년에 개봉한 잉마르 베리만 감독의 영화 〈가을 소나타〉에서 잉그리드 버그먼이 연기한 엄마 같은 사람이 현실에 존재한다고 생각해 보자. 세상에는 대하기 정말 까다로운 엄마가 있다. 엄마와 내전 중인 딸들은 이런 사례를 보면서 힘든 엄마를 둔 딸이 자신 혼자가 아님을 알게 될 것이다. 이러한 사실을 아는 것은 딸에게 도움이 된다.

한편 일시적인 어려움은 인생에서 일어난 어떤 사건이 모든 지표를 산산조각 내면서 생긴다. 마고는 몇 주 전까지만 해도 잘 다니던 직장에서 한순간에 해고당했다. 너무나도 괴로워서 몇 주 동안 딸에게 엄마가 되어 줄 수 없었다. 고통은 마고의 모든 심리적 공간을 침입했으며, 모든 관계에 그 여파가 밀려왔다. 마고는 그 이야기 말고 다른 이야기는 할 수 없었다. 결국 딸인 제니(24세)에게 속내를 다 쏟아 내고 말았다. 하지만 딸도 사람이다. 만일 엄마가 모든 것을 털어놓지 않아도 좋지 않은 일이 생겼음을 이해할 수 있다.

마리는 암에 걸렸을 때, 마고처럼 불안해했고 그 여파도 비슷했다. 마리의 딸은 마리를 간호하고, 위로하고, 다독거렸다. 지나친 일이었다. 고작 20세인 마리의 딸에게는 질병과 죽음의 이미지가 분명하지 않다. 하지만 마리의 딸은 할 수 있는 한 예전의 엄마를 떠올리려 노력했다.

시간을 흘려보내는 것은 엄마와 딸 관계에서 일어나는 일들을 이해하는 데도 도움이 된다. 엄마와 딸 사이에 일어나는 일이 얼마나 미묘한가. 각자 무슨 생각을 하고, 눈빛으로 무슨 말을 하며, 각자의 자리에서 제 역할을 다했는지, 거기에서부터 시작된다. 그 누구의 잘잘못을 가리기란 어렵다. 눈앞의 현실과 머릿속 생각 사이에서 관계의 실은 팽팽하게 당겨져 있다. 우리는 속내를 제대로 드러내지 않고 함축해서 말하거나, 그 정도가 약할지라도 조금은 신랄하게 말한다. 이런 방식으로 말하는 것을 줄이고 우리가 현실을 직시하는지, 머릿속으로 꿈을 꾸는지를 알려면 어떻게 해야 할까? 시간을 가져야 한다. 지금 어떤 시간을 보내는지 깨닫기 위해서도 시간을 가져야 한다. 또 엄마와 딸 관계를 일상 안에서 키워 나가기 위해서도 시간이 필요하다.

딸이 할머니 손에 자랐다면, 엄마를 정말 엄마로서 사랑하기 위해서도 시간이 필요하다. 딸에게는 오랫동안 엄마와 할머니의 이미지가 명확하게 구분되지 않고 겹쳐진다. 간식을 준비해 주고 밤에 잠자리를 봐 주는 사람은 엄마가 아닌 할머니였기 때문이다. 엄마의 부당한 요구를 들어주지 않으면서 딸이 자신의 위치를 스스로 결정하기 위해서도 시간이 필요하다. 해결책을 찾고 해명을 하기 위해서도 시간이 필요하다. 그리고 엄마와 딸이 각자 삶의 매 단계를 누구에게도 방해받지 않고 살아가기 위해서도 시간이 필요하다. 시간이 지나며 삶에서 일어나는 문제들, 엄마와 딸의 역할과 위치가 달라지기 때문이다.

시간을 갖는 것은 바르바라가 노래한 것처럼 '시간은 만회할 수 없다'는 것을 아는 것이다. 예를 들어 엄마가 안 좋은 일을 겪고 그 상처를 이기지 못해 지나치게 오랫동안 엄마의 자리를 비웠다고 하자. 딸은 나중에라도 다른 엄마와 딸처럼 엄마와 다정한 관계가 될 수 없다. 그런 척도 할 수가 없다. 그럴 때는 신뢰 관계가 회복하는 데에도 시간이 걸린다는 사실을 받아들여야 한다. 슬픔, 분노 또는 두려움이 해소되는 데에는 수개월, 심지어 수년이 걸리기 때문이다.

어떤 엄마나 딸은 지나치게 조급해하고, 금방 용기를 잃는다. 상대에게 용서를 구한다고 해도 상대가 느낀 슬픔과 분노, 두려움의 여파가 단번에 사라지지는 않는다. 만약 엄마에게 복수심이 담긴 편지를 썼다거나 엄마를 부당하게 비난했던 딸이라면 더더욱 많은 노력을 기울여야 한다. 그래야만 엄마는 딸이 엄마와 잘 지내기로 마음먹었다고 믿을 수 있다.

딸을 쉽게 용서하는 엄마. 이야말로 엄마를 엄마로 인정하게 해 주는 것이다. 엄마는 이 관대함을 발휘하여 그동안 맺힌 것을 지워 버린다. 관대함이야말로 사랑이 지닌 고유한 특징이다. 하지만 그동안 받은 상처를 완전히 잊기는 어렵다. 한 걸음만 내딛으면 되는데 도무지 쉽지 않다. 두려움 없이 말하기 위해서는, 신뢰를 쌓기 위해서는 시간이 필요하다.

이와 마찬가지로 엄마가 자신의 자리를 비웠을 때도 그 자리를 진정으로 회복하기 위해 노력해야 한다. 딸이 성숙해지고 엄마가 늙어 가는 데에도 시간이 필요하다. 그러면서 각자는 세대의 연장선상에서 쉽게 자신의 자리를 되찾게 된다. 엄마와 딸이 지나치게 융합된 관계일 때는 각자의 위치를 재정립하기 위해서 시간이 걸린다. 살다 보면 엄마가 아닌 다른 사람들을 알게 되고, 연인을 만나게 되고, 다른 것에 애착을 갖게 된다. 그러면서 엄마를 향한 독점적인 사랑에서 조금씩 헤어 나온다. 자신이 누군지를 알고 다른 사람과의 관계 속에서 자신의 자리를 찾기 위해서도 시간이 필요하다. 우리는 빨리 행복해지고 싶어 지나치게 조급해한다. 그렇지만 행복해지려면 역시 시간이 필요하다. 실수도 하고, 실패도 겪고, 또 그러면서 교훈을 얻고, 삶에서 우리가 차지하는 위치를 조정할 수 있도록 우리 자신에게 시간을 주자. 만약 시간은 열심히 스스로의 일을 하는데, 엄마는 딸도 인생도 신뢰하지 않는다면 과연 무언가를 신뢰할 수 있긴 할까?

시간은 엄마와 딸이 안정적으로 조금씩 서로에게서 떨어질 수 있도록 돕는 벗이다. 시간은 두 사람이 인생의 완숙기와 청년기를 보내며, 엄마와 딸이 아닌 할머니와 엄마가 되어도 상대에 맞춰 자신의 위치를 조정할 수 있게 해 준다. 엄마와 딸이 갈등을 겪을 때도 시간은 지원군이 되어 준다. 각자 자신의 입장에서 적합한 것은 무엇이고, 적합하지 않은 것은 무엇인지 알 수 있기 때문이다. 이를 엄마나 딸에게 이해시키기 위해서도 시간은 필요하다. 두 사람이 서로 기쁨을 주면서 어떻게 조화를 이룰 수 있을지를 찾기 위해서도 시간은 필요하다.

딸이 엄마에게 받은 상처를 치유하기 위해서도 시간이 필요하다. 상처를 치유하는 데에는 치료가 도움이 될 수도 있지만, 시간의 힘 때문일 수도 있다. 시간은 흥분을 가라앉히기 때문이다. 어느 날, 딸은 이 관계에서 깨어날 것이고, 딸에게 엄마는 더 이상 중요하지 않을 것이다. 마치 대화 주제가 고갈되고, 다리 밑을 흐르던 물은 모조리 빠져나간 것 같다.

딸은 성숙해졌다. 과거는 과거일 뿐이다. 이제 딸은 조금씩 엄마에게 마음을 내어 줄 수 있다. 엄마 때문에 다시 힘들어지더라도 담담하게 대처한다면 자신을 보호할 수 있다고 믿는다. 딸은 엄마에게 좀 더 다가갈 수 있으며, 긴장을 풀 수 있고, "예." 또는 "아니요."라고 의사를 표현할 수 있다. 또 공격성을 보이지 않고 자신의 생각을 말할 수도 있다. 한편 스스로 나쁜 엄마였다고 느끼는 경우, 딸과 맞서려는 모습은 내려놓고 시간을 가져야 한다. 그러면 딸에게 좀 더 다정하게 귀 기울일 수 있다. 이처럼 시간은 비할 데 없는 치유제다. 시간이 엄마와 딸을 억지로 화해시켜서가 아니다. 세월이 우리에게 준 것을 가지고 우리가 어떻게 해야 하는지를 가르쳐 주기 때문이다.

엄마와 딸 관계가 고통스러웠다면, 과거와 다른 관계를 만들기 위해서라도 시간은 필요하다. 자드는 엄마와 아주 늦게 가까워졌다. 처음에는 남들의 시선을 의식해서 엄마와 친한 딸인 것처럼 행동했다. 자신이 미운 오리 새끼라고 생각하는 딸들은 이 사실을 부끄러워하기 때문이다. 식당에서는 엄마를 부축하기 위해 엄마 팔을 잡고 다정한 딸인 듯 연기를 하기도 했다.

자드가 엄마의 선물과 노력에 감사해야 한다고 깨달은 것은 조금 더 시간이 흘렀을 때였다. 엄마가 처음에 자드의 자동 응답기에 "사랑하는 딸."이라고 부르면서 메시지를 남겼을 때, 자드는 끝까지 듣지도 않고 삭제해 버렸다. 그 후, 자드는 나이 든 엄마가 심리 상담사를 찾아간다는 걸 알게 되었다. 엄마는 딸과 자신 사이에 무슨 일이 생긴 건지 이해하고 싶었던 것이다. 딸이 자식을 낳았는데도 왜 아무 감흥을 느끼지 못하는지 알고 싶었다. 모든 것을 알게 된 자드는 엄마에게 감동을 받았다.

몇 주가 더 흘렀다. 라디오를 듣던 엄마는 마치 자드의 말을 듣는 것 같다고 생각했다. 어떤 여배우가 경험담을 털어놓고 있었다. 그녀는 자신을 육아 도우미에게 맡겼던 '아름다운 여성'에 관해 이야기했다. 한밤중에 희미해져 가는 그 여성의 하이힐 소리를 들으며 괴로웠다고 말했다. 감정이 북받친 노년의 엄마는 자드에게 다시 메시지를 남겼다. "사랑하는 딸, 미안하다. 네가 힘들었을 거라는 것을 이제야 알게 되었구나. 용서해 다오." 엄마의 목소리는 힘이 없었다.

자드는 비로소 기억났다. 예전에도 엄마는 두 사람 사이에 길이 남을 '사랑하는 딸'이라는 표현을 사용하며 메시지를 남긴 적이 있었다. 그런데 자드는 그 말을 듣자마자 메시지를 삭제해 버렸다. 자드는 이 문장을 반복해서 말해 보았다. 그러자 자드의 눈에 눈물이 고였다. 자드는 자책했다. "내가 성숙하지 못했어!" 시간이 지나 용기를 낸 엄마는 자드의 대답을 바라며 다시 한번 물었다. "내가 남긴 메시지 들었니?" 휴우, 자드는 엄마를 피했다. 그러나 다음 날, 자드는 심리 상담사에게 이 이야기를 했다. 상담사는 이렇게 말했다. "당신에게도 엄마가 있네요!"

**다시 사랑할 수 있는 여러 이유들**

어떤 딸이 엄마에게서 멀어지기로 마음먹은 것처럼 또 어떤 딸은 여러 이유 때문에 엄마를 사랑하기로 한다. 딸은 엄마를 사랑할 수 있기 때문에 엄마를 사랑하기로 하는 것이다. 원망하기보다는 마음을 넓게 가질 때 스스로가 더 나은 사람이라고 생각하기 때문이기도 하다. 딸은 성숙해지면서, 아이를 가지면서 한 걸음 물러설 줄 안다. 딸은 부드러워진다. 엄마가 되는 것이 그리 간단하지 않음을 알게 된다. 엄마가 되고 보니 짜증도 나고, 흥분하고, 관대함이 없어지고, 때로는 배려심도 없어진다. 딸은 엄마가 했던 잘못된 행동을 자신이 되풀이한다는 것을 발견한다. 그제야 딸은 엄마도 잘못된 행동이었음을 알지 못하고 이렇게 했을 것이라는 생각을 한다.

실비(53세)는 미소를 지으며 이렇게 말한다. "엄마를 원망할 수는 없어요. 엄마는 원래 그렇거든요." 다정한 것 같으면서도 잔인한 판단이다. 이제 실비의 눈에 엄마는 모든 것을 아는 여신도 악의를 품은 마녀도 아니다. 자신의 결점을 알아차리지 못하는 사람이자 한 명의 여성인 것이다. 대다수 여성처럼 자신에게 익숙하며, 스스로 잘한다고 믿는 여성인 것이다.

어떤 딸은 엄마를 위하기 때문이기도 하지만 실은 자기 자신을 위해서 엄마를 사랑하기로 한다. 미리암(43세)처럼 '좋은 게 좋은 거다.'라는 말이 맞다고 인정하는 딸들도 많다. 미리암은 엄마와 딸 관계에서 오랫동안 길을 잘못 접어들었다. 엄마는 무용가를 꿈꿨던 아름다운 여성이었다. 그러나 23세 때 큰 교통사고를 당하면서 시련이 생겼다. 춤은 이제 끝이었다. 유명해지겠다는 그녀의 꿈도 끝났다! 미리암은 엄마가 잃어버린 이 행복을 되돌려주겠다고 다짐했다.

미리암은 안무가가 되어 대중에게 인정받으려고 수년 동안 뼈를 깎는 노력을 했다. 지옥 같던 시간들이 지나고 드디어 엄마에게 영광을 돌릴 그날이 왔다. 파리에서 공연이 있었다. 미리암은 엄마에게 전화를 했다. 이제야 엄마와 삶을 즐길 수 있을 것이라고 기대했다. 행복할 것이다. 하지만 엄마는 관절염도 있고 허리도 아프다며 오지 않았다. 핑계를 댄 것이다.

미리암은 낙담했다! 20년 동안 온 힘을 다했다. 이 상황이 전혀 이해되지 않았다. 미리암은 엄마에게 와야 한다고 계속 말하면서 물었다. "엄마, 제가 더는 엄마의 태양이 아니에요?" 엄마가 솔직하게 답했다. "음, 아니지. 이제 그 정도는 아니야." 미리암은 전화를 끊고 어린아이처럼 펑펑 울었다. 미리암의 삶은 엄마를 행복하게 해 주겠다는 그녀의 환상 위에

세워졌던 것이다. 미리암은 엄마와 자신, 두 사람의 꿈이라고 믿었던 것이 사실은 자신의 꿈이었음을 깨달았다.

"저와 멀리 떨어진 남쪽 지방에서 고독함과 우울함 속에 사는 엄마에게도 엄마만의 지표가 있다는 걸 이해하게 되었어요. 불행한 삶이라고 해도 엄마 삶의 주인공은 엄마였어요. 엄마가 오롯이 불행을 받아들인 것도 그래서겠지요. 무엇인가가 제게서 떨어져 나갔어요. 엄마의 불행 속에서 저는 아무것도 아님을 알게 되었어요. 엄마의 행복을 위해 제가 아무것도 할 수 없다는 것도요. 그토록 사랑하는 누군가를 위해 아무것도 할 수 없다는 건 정말 가슴 아파요! 하지만 행복을 거부하는 것도 엄마의 권리예요. 저는 엄마가 자신의 삶을 아쉬워하면서 스스로를 희생자라고 생각한다는 것을 알게 되었어요. 이제 저는 저를 위해 살 거예요. 그리고 엄마를 있는 그대로 사랑할 거예요."

안느(43세) 역시 엄마를 사랑하기로 했다. "엄마는 자기 방식대로 저를 사랑했지만 그건 제가 원했던 게 아니었어요. 엄마는 제 잠자리에 신경을 쓰고, 음식을 만들어 주며, 건강을 챙겨 줬지요. 엄마는 제가 씻었는지까지 신경 쓰고 비타민도 잔뜩 먹였어요. 제가 원한 건 그런 게 아니었어요. 엄마와 교류하고, 진심이 담긴 말을 듣고 싶었지요. 엄마가 제 아이들을 대하는 거나, 또 아이들이 할머니를 좋아하는 걸 보면서 저는 엄마가 저희를 정말 사랑했음을 깨달았어요. 물론 그 방식이 완전히 빗나갔다고 해도 말이에요."

나탈리도 "문제는 사회적인 데 있었어요."라고 말한다. 딸이 엄마 때문에 힘들어하는 경우는 일반적으로 아빠에게도 원인이 있다. 아빠가 아무것도 도와주지 않고 달라지려 하지 않았기 때문이다. 다르게 말하면 아빠와 엄마 두 사람이 한 쌍을 이뤘던 것이다. 그렇다면 육아의 최전선에 있다는 이유만으로 엄마에게 모든 비난의 화살을 돌리는 건 과연 올바를까? 딸이 겪는 모든 불행의 책임을 엄마의 탓으로 넘기는 게 과연 정당할까?

딸은 모든 일이 순조로울 때 이 모든 게 엄마 덕분이라고는 생각하지 않는다. 그러나 이 행복이 주춤거리면 엄마와는 전혀 상관없음에도 엄마에게 전화를 걸어 이렇게 말한다. "여보세요. 엄마, 나 너무 아파. 다 엄마 탓이야!" 반대로 행복할 때, 사랑에 빠졌을 때, 딸은 엄마가 준 것에 감사해야 한다는 것을 잊어버린다. 엄마는 늘 딸 옆에 있어 주고, 친절하게 대해 주며, 딸이 잘못해도 다 잊어버렸다고 말하고, 언제나 반겨 주고, 배려해 준다. 이것이 엄마가 딸에게 주는 것이다. 때가 되면 엄마를 꽉 안아 주자. 엄마가 바라는 건 그것뿐이다.

**맺음말**

15년 전만 해도 엄마와 성인이 된 딸이 어려움을 겪는 이유는 서로를 거부하고 사랑이 부족하기 때문이었다. 엄마가 딸을 원하지 않았거나 딸의 진가를 제대로 평가하지 않았다. 그때만 해도 딸을 아들보다 선호하지 않았다. 남자들이 이끌어 가는 사회에서 아들도 엄연한 어린 남성이었던 것이다. 사회 분위기도 선과 악이 분명한 좀 더 권위적인 사회였다. 아이들은 부모의 통제를 받았고 식사 중에 말을 해서는 안 되었다. 따라서 딸은 여느 딸과 다름없는 딸이 되어야 했다. 엄마가 자기 자신을 위해 그려 놓은 '선'에서 벗어났다가는 가족과 멀어지거나 가족에게 부끄러운 존재가 되었다.

　오늘날 프랑스의 30대 여성은 1968년 5월, 프랑스 68혁명을 기억하는 엄마들 밑에서 자랐다. 이 엄마들은 자신을 구속하던 문들이 딸에게는 모두 열리기를 바랐다. 엄마들은 딸에게 공부를 계속하라고 격려했으며, 딸의 지원군이며 친구가 되었다. 더는 딸의 우위에 서서 딸을 조련하려는 엄마가 아니었다. 엄마들은 자유, 야망, 권력 등 자신이 받지 못한 것들을 딸에게 주려고 노력했다. 딸의 성공에 많은 기대를 걸었다. 그래서 그 세대 여성들이 이룩한 여성의 자유와 온전한 삶을 누리는 첫 번째 세대가 되길 원했다.

　엄마들은 남녀는 평등하다고 믿었으며, 사랑은 위대하고 자유롭다고 생각했다. 많은 여성이 한 부모 가정을 꾸리면서도 두 배 바쁜 나날을 홀로 감당해 냈다. 힘든 일과였고 엄마는 대단했다! 그 엄마들은 자신의 엄마가 그랬던 것처럼 "알지도 못했고 할 수도 없었다."라며 불평하고 싶지 않았다. 이렇게 지금 30대의 딸을 둔 엄마들은 부담을 주지 않으려고 노력하는 용감한 여성들이었다. 어떤 엄마들은 딸들과 어려움을 반복하지 않으려고 상담소의 소파에 앉았다. 엄마들이 정말 두려워하는 것은 자신이 힘들었듯 딸도 힘들어하는 것이다. 엄마들은 안심하고 싶어 한다. 해서는 안 된다고 알게 된 행동은 반복하지 않으려 한다.

엄마들은 모든 것을 주었다. 엄마들이 딸을 얼마나 사랑했는가! 그러나 모든 인간관계에는 반전이 존재하고, 축복받은 모든 삶도 조금은 고통스럽다. 인간은 누구나 언젠가는 죽는다. 바로 그렇기에 엄마들은 모든 것을 주었고, 사랑하는 딸에게 모든 것을 걸었다. 모든 면에서 딸이 행복하기를 바랐다. '영광의 30년'은 사람들에게 행복해질 거라는 희망을 주었다. 여성들도 그 행복을 믿었다. 하지만 딸은 또 다른 문제 때문에 힘들어한다. 인간이 자신과 전쟁을 벌이는 이유처럼 존재의 어려움이 끊임없이 되살아나기 때문이다.

오히려 오늘날 엄마와 딸의 관계에서 나타나는 문제는 이와 같다. 어떻게 하면 서로를 덜 사랑할까? 딸은 엄마를 실망시키는 것, 엄마 곁을 떠나는 것, 엄마에게서 빠져나오는 것, 엄마와 동등해지는 것, 엄마를 저버리는 것, 성장하는 것에 굉장한 두려움을 갖는다. 모든 것이 조금 혼란스러워졌기 때문이다. 30대 딸을 둔 엄마들은 보다 자유로워졌지만 예전에 있었던 지표를 뒤흔들었다. 각자의 세대와 자리가 뒤섞였으며 엄마와 딸의 사이는 복잡해졌다. 남자들도 갈피를 잃었으며 때로는 거부당했다. '변화된 아빠'가 되지 못한 남자들은 더는 아빠가 아니었다. 아빠들은 어떤 역할을 하고 어떤 자리에 있어야 하는지 분명히 알지 못해 혼란스러워했다.

그렇다면 오늘날 30대 여성들은 어린 딸들과 어떤 관계를 만들어 갈까? 엄마들은 딸과 융합하지 않으려고 노력한다. 그들은 딸에게 온전한 사람이 되라고 격려한다. 엄마들은 개성 있는 것을 좋아한다. 딸들이 스스로를 표현하기를 원하며 그렇게 하면 박수를 보낸다! 하지만 엄마들이 스스로 정한 목표는 예전보다 더 완벽해졌다. 엄마들은 여기에 전념한다.

이혼해서는 안 되고, 일에서도 중요하므로 성공해야 한다. 또 육아를 할 때는 어린 딸이 자신의 삶을 사랑하고 행복하다고 느끼며 건강하게 자라도록 해야 한다. 여기서 문제가 생긴다. 엄마들이 꼭 이루어야 한다고 생각하는 것들이 예전보다 더 많아졌다. 환경과 위생에 관한 걱정도 추가되었다. 그러나 의학과 심리학의 힘에 지나치게 의존하면 엄마의 좋은 감각과 육감을 없앨 수 있다. 옛날에 가족의 주치의가 항상 엄마의 의견을 물었던 것도 엄마의 육감을 믿었기 때문이다. "저기, 옆구리 쪽요. 꾀병인가요, 아니면 진짜 아픈 건가요?"

쏟아지는 조언에 나침반을 잃어버린 일부 젊은 엄마들은 어린 딸이 잘 지내는지, 인생에 기쁨을 느끼는지 잘 알지 못한다. 건강이 좋아도 감기에 걸리거나 여기저기가 아플 수 있다. 엄마와 딸의 관계도 그렇다. 관계가 아무리 좋다고 해도 강렬한 스파크가 튈 수도 있다. "아니, 그러니까, 그게 아니라고!" 질책도 소통에서 비롯된 것이며, 지금보다 더 진정한 관계를 맺고 싶다는 희망에서 나온 것이다. 우리는 시간의 본질을 잊어버렸다. "행복한 순간도 지금이고, 성공한 순간도 지금이다. 삶은 언제나 기쁘다."

어느 날 롤스로이스 자동차에 아프간하운드 품종의 개가 올라탄 것을 본 노숙자가 차 주인에게 이렇게 말했다고 한다. "당신 집의 강아지가 되는 방법은 없나요?" 정신없는 사람들만 가득한 듯한 우리의 삶에서 '인간'이 되는 방법은 없을까? 엄마와 딸은 서로에게 피곤해하고 짜증을 낼 권리를 주는 게 좋을 것이다. 딸은 엄마에게 짜증을 내면서 긴장을 풀 수 있을 것이다. 물론 딸도 엄마가 그랬듯이 가끔은 그렇게 좋지 못한 사람이 될 수도 있다. 그러나 완벽을 추구하다가는 번아웃을 겪을지 모른다. 우리는 여러 문제들이 우리 삶에서, 엄마와 딸 관계에서 저절로 치유될 수 있음을 잊었다. 따뜻한 포옹은 고통을 치유하고, 진전은 실수를 치유하며, 시간은 불화를 치유한다.

밤에 잘 자지 못했을 때는 늘어지게 낮잠을 자면 모자란 잠을 보충할 수 있다. 크게 웃으면 눈물을 마르게 할 수 있다. 완벽을 향한 경주에서 우리는 마음의 소리를 듣는 법을 잊었으며, 엄마란 그저 딸 곁에 있어 주기만 해도 된다는 사실도 잊었다. 1등이 되어야 했기에 누군가를 따뜻하게 안아 주고, 누군가를 진심으로 만나는 시간을 점점 줄여야 한다고 생각하게 된 것이다.

옮긴이

**조연희**

동덕여자대학교 프랑스어과와 한국외국어대학교 통번역대학원 한불과를 졸업하고, 전문 통번역사로 활동하고 있다. 역서로는 《거꾸로 자라는 나무》가 있다.